KAWADE
夢文庫

東急電鉄
スゴすぎ謎学

小佐野カゲトシ

河出書房新社

鉄道界をリードする「銀色の電車」には、驚きが満載！◉まえがき

高級住宅街の代名詞ともいえる田園調布、おしゃれな街として知られる自由が丘やたまプラーザ、最近注目度が急上昇した中目黒《なかめぐろ》や武蔵小杉《むさしこすぎ》……。東急沿線といえば「住みたい街ランキング」などの常連としておなじみだ。

日本の鉄道会社のなかでもトップクラスのブランド力を誇る東急。東京と神奈川に8路線・約100キロメートルの鉄道網を張りめぐらせ、年間10億人以上が利用する私鉄界のリーディングカンパニーは、街と鉄道を一体的に開発する手法で「東京の郊外」そのものをつくり上げてきた。

理想の郊外住宅地をめざした不動産会社の鉄道部門に始まり、私鉄各社の合併・買収をくり広げての急成長、山林を切り拓《ひら》いて一大都市を築《きず》き上げる……といったダイナミックな歴史が生んだ各路線には、「高級イメージ」だけではない意外なエピソードや不思議が数多く隠れている。

本書では、東急電鉄にまつわる謎や知られざる歴史、そして最新の話題をまとめた。沿線利用者や鉄道ファンなど、多くの方に楽しんでいただきたい。

小佐野カゲトシ

東急電鉄 スゴすぎ謎学◉もくじ

2 路線の謎学

思いがけない発見が目白押し！

3 車両の謎学

きらめく名車たちが勢ぞろい！

6 歴史の謎学

東急ファンなら知っておきたい！

7 駅の謎学

利用者に愛されたくて、いまも進化中！

8 乗客の多様なニーズに応える！サービスの謎学

カバー写真◉フォトライブラリー
図版作成◉AKIBA
新井トレス研究所

●路線データ

路線名	区　間	距　離	開　業	
東横線	渋谷～横浜	24.2km	1926年2月14日	丸子多摩川～神奈川
目黒線	目黒～日吉	11.9km	1923年3月11日	目黒～丸子(現・沼部)
田園都市線	渋谷～中央林間	31.5km	1966年4月1日	溝の口～長津田
大井町線	大井町～溝の口	12.4km	1927年7月6日	大井町～大岡山
池上線	五反田～蒲田	10.9km	1922年10月6日	池上～蒲田
東急多摩川線	多摩川～蒲田	5.6km	1923年3月11日	目黒～丸子(現・沼部)
世田谷線	三軒茶屋～下高井戸	5.0km	1925年1月18日	三軒茶屋～世田谷
こどもの国線	長津田～こどもの国	3.4km	1967年4月28日	長津田～こどもの国

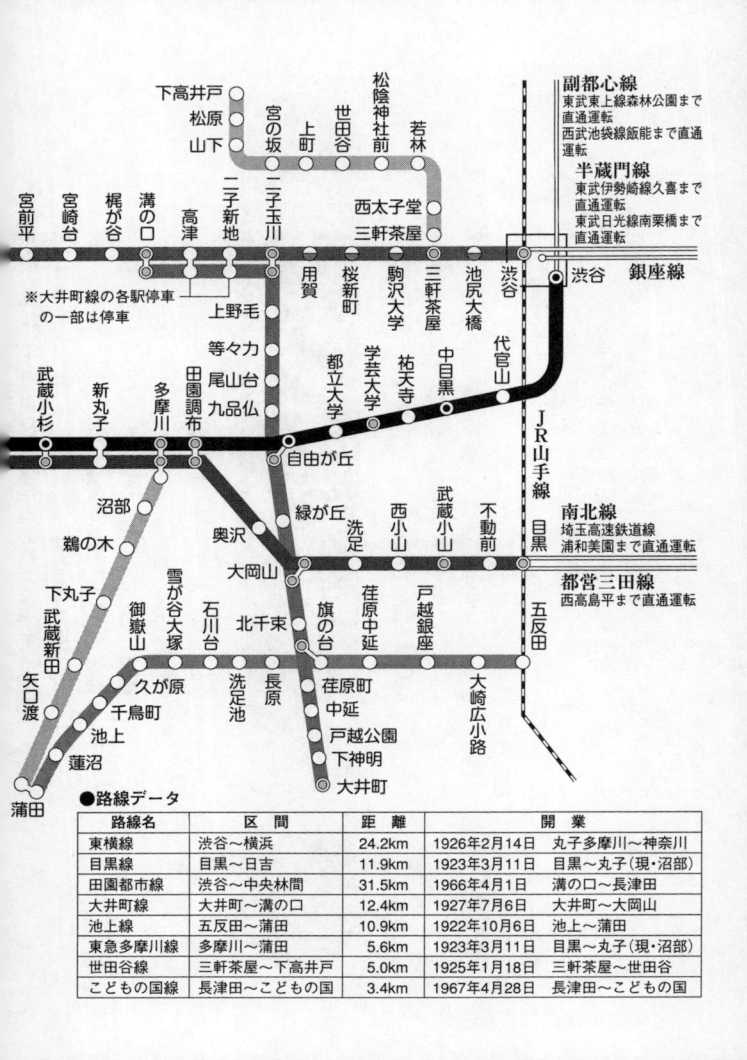

東急・みなとみらい線路線図

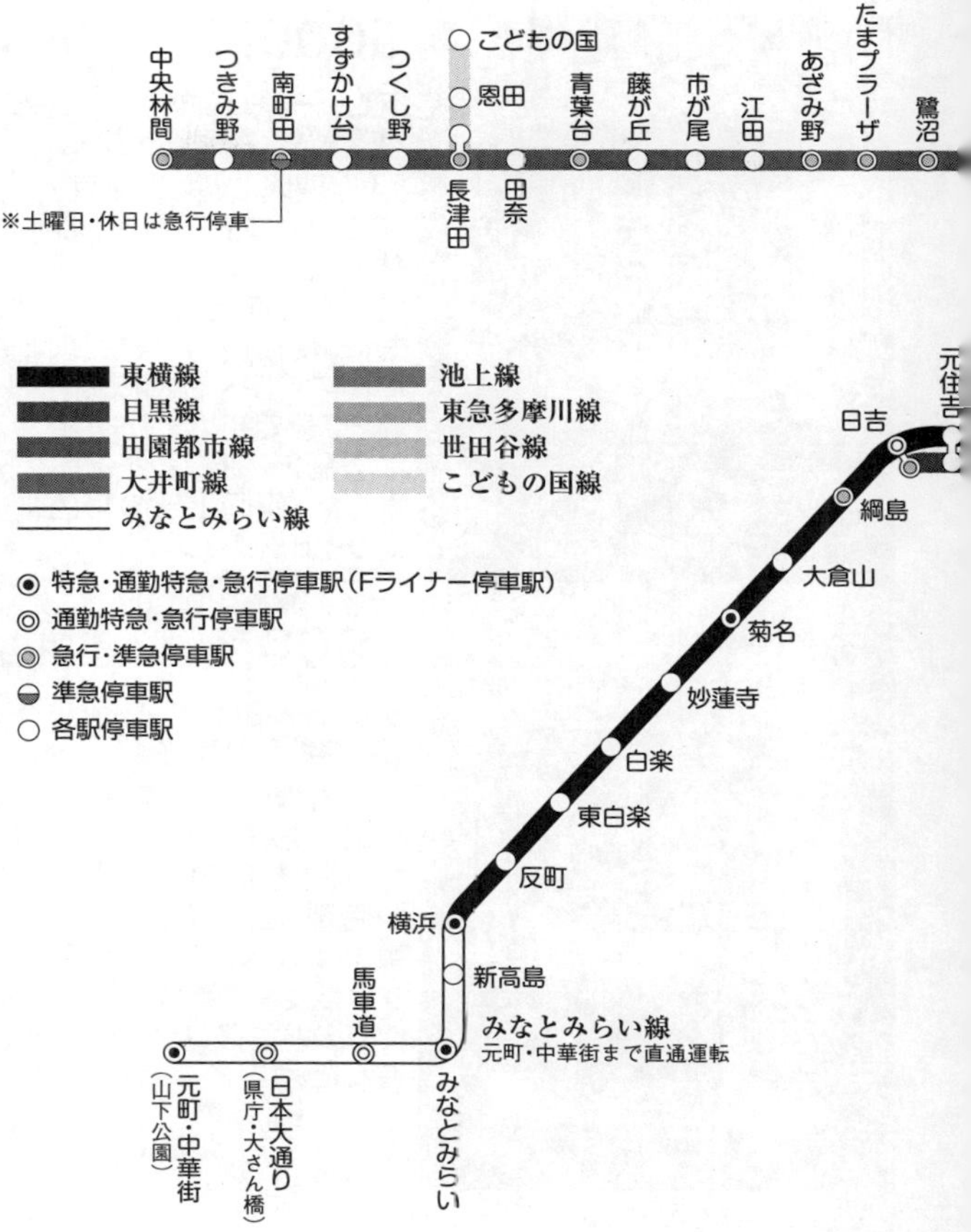

こどもの国
恩田
中央林間
つきみ野
南町田
すずかけ台
つくし野
長津田
田奈
青葉台
藤が丘
市が尾
江田
あざみ野
たまプラーザ
鷺沼
※土曜日・休日は急行停車
東横線
目黒線
田園都市線
大井町線
みなとみらい線
池上線
東急多摩川線
世田谷線
こどもの国線
特急・通勤特急・急行停車駅（Fライナー停車駅）
通勤特急・急行停車駅
急行・準急停車駅
準急停車駅
各駅停車駅
元住吉
日吉
綱島
大倉山
菊名
妙蓮寺
白楽
東白楽
反町
横浜
新高島
みなとみらい線
元町・中華街まで直通運転
馬車道
みなとみらい
日本大通り
（県庁・大さん橋）
元町・中華街
（山下公園）

5000系

デビュー:2002年
使用路線:田園都市線

「人と環境に優しい車両」をコンセプトに登場。車体の軽量化により、走行時の騒音を低減するとともに、使用電力量を従来車両にくらべて約40%削減。東急で初めて、ドア上に液晶ディスプレイを設置した。側面上部の帯色はライトグリーン。

6000系

デビュー:2008年
使用路線:大井町線

大井町線の急行専用車。5000系をベースに開発され、くさび形の前面形状が特徴。座席幅の拡大、車いすスペースに2段手すりを設置するなど、いっそうのバリアフリー化が進んだ。

東急の"伝統"を受け継ぐ銀色の車両たち①

5050系

デビュー:2004年
使用路線:東横線

5000系の東横線用として登場。もともとは8両編成で登場したが、2011年に優等列車向けとして10両編成の「4000番台」もデビューした。側面上部の帯色はピンク。

5080系

デビュー:2003年
使用路線:目黒線

目黒線の増備用として登場。5000系をベースに設計された。ワンマン運転に対応するため、乗務員室の設計が大きく変更された。側面上部の帯色は紺。

2000系

デビュー:1992年
使用路線:田園都市線

田園都市線の輸送力増強を図るために導入された車両。握り棒の増設や新しいデザインの貫通扉・シートを導入するなど通勤電車の新スタイルを追求した車両として登場した。全3編成の少数派。

1000系

デビュー:1988年
使用路線:池上線、
東急多摩川線

営団地下鉄(現:東京メトロ)日比谷線乗り入れ用と、池上・目蒲線用が導入された18メートル車両。日比谷線直通運転休止後、日比谷線直通用車両は「1000系1500番台」としてリニューアルされ活躍中。

東急の"伝統"を受け継ぐ銀色の車両たち②

7000系

デビュー:2007年
使用路線:池上線、東急多摩川線

5000系をベースに開発された18メートル車3両編成のワンマン運転対応車。3人がけクロスシートやベビーカーなどが置けるフリースペースを設けるなど、快適性を向上させた。

3000系

デビュー:1999年
使用路線:目黒線

目黒線と営団地下鉄(現:東京メトロ)南北線・都営三田線との相互直通運転開始に向けて登場。「すべてにやさしく美しい車両」をコンセプトに開発される。従来のフラットな正面デザインからイメージを一新した。

8500系

デビュー:1975年
使用路線:田園都市線、
大井町線

営団地下鉄(現:東京メトロ)半蔵門線との相互直通運転開始に先駆けて導入された車両。1976年、鉄道友の会「ローレル賞」を受賞。東武鉄道にも乗り入れている。

7700系

デビュー:1962年
使用路線:池上線、
東急多摩川線

1962年に登場した7000系(初代)の車体を再利用し、1987年に改造された車両。このとき形式名も「7700系」と変更された。7000系(初代)より50年以上、活躍を続けている。

東急の"伝統"を受け継ぐ銀色の車両たち③

8590系

デビュー：1988年
使用路線：田園都市線

日本初の軽量ステンレスカーとして登場した8090系の地下鉄乗り入れに対応させるために製造された先頭車で、8090系中間車と編成を組む。当初は東横線で使用された。

9000系

デビュー：1986年
使用路線：大井町線

東急では初の交流モーター採用車両。左右非対称の前面やクロスシートを採用するなど、それ以前の車両とは様式を大きく変更した。2003年には車内表示器と、ドア開閉を知らせる音声案内装置が設置されている。

300系

デビュー:1999年
使用路線:世田谷線

「やさしい空間の提供」をコンセプトに登場。10編成すべての車体色が異なっている。軽量セミステンレス車体を採用し、省エネルギーと保守の省力化、低騒音を実現。ステップをなくしバリアフリー化を達成した。

TOQi

デビュー:2012年
車両形式:7500系

東急全線(世田谷線除く)と、みなとみらい線を検測する総合検測車。電気検測車、軌道検測車、動力車の3両編成で、愛称「TOQi(トークアイ)」は公募によって命名された。

1

知れば知るほど深く好きになる!

東急のここが超絶だ

たとえば…
「地下区間での追い抜き」を
日本で初めて実現!

混雑解消のためには列車を「格下げ」する！◉東急のココがスゴい！❶

２００１年（平成13）に登場した東横線特急や、２００８年（平成20）の大井町線急行など、ダイヤ改正の目玉となるのは、ほとんどの場合「速い列車」の登場だ。「渋谷まで○分」といった不動産広告に見られるように「所要時間の短さ」が列車ダイヤという商品のアピール材料になるのは当然といえる。

だが、２００７年（平成19）４月５日に行なわれた田園都市線のダイヤ改正は、この流れの逆を行く内容だった。急行より停車駅の多い「準急」を新設し、平日朝ラッシュのピーク時である８時台に渋谷に到着する上り急行13本を一気に「格下げ」したのである。

準急は、中央林間《ちゆうおうりんかん》―二子玉川《ふたこたまがわ》間は土休日ダイヤの急行と同じ停車駅、二子玉川―渋谷間は各駅に停まる列車で、１９９６年（平成８）４月のダイヤ改正で急行に統合されて姿を消した「快速」とほぼ同じだ。

一度は「格上げ」されて消えたのとほぼ同じ種別を新たにつくり、一刻《いっこく》を争う朝ラッシュ時の急行を格下げするという、ある意味では〝禁じ手〟とも言えるダイヤ改正を実施した狙いは、田園都市線の混雑にともなう遅延《ちえん》対策だった。さらに言え

急行を「格下げ」し、混雑緩和を図った田園都市線

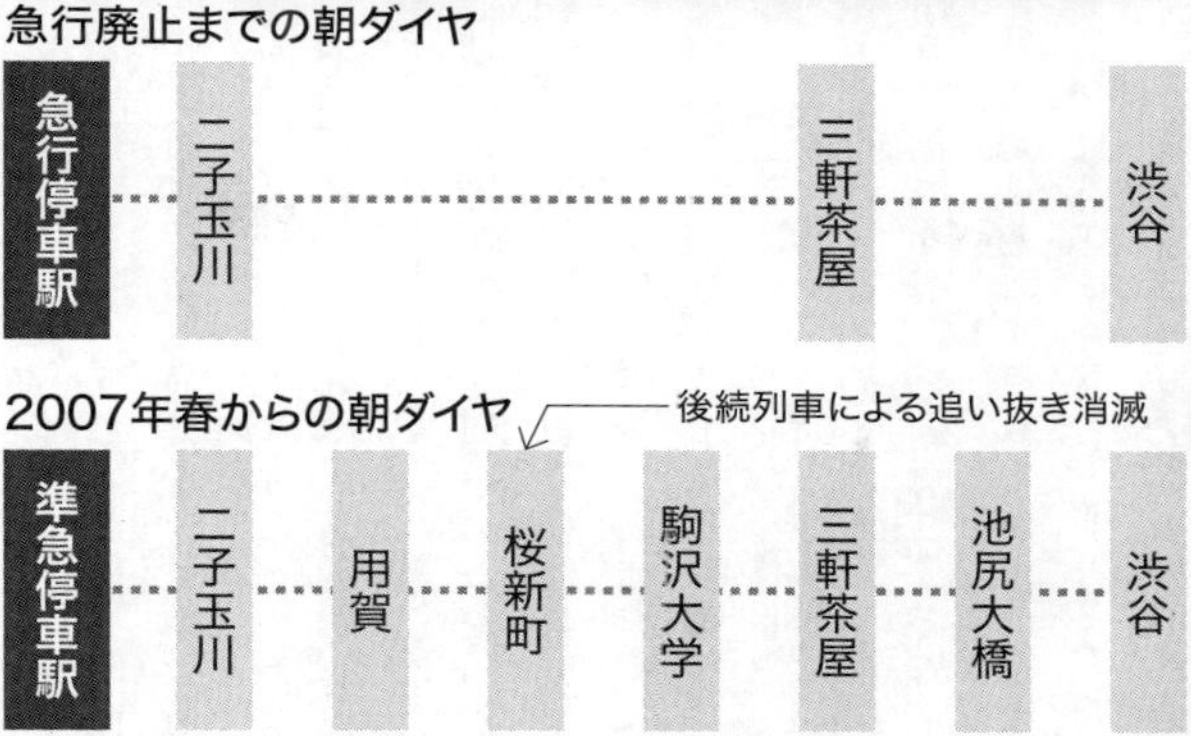

それまでの急行を準急に〝格下げ〟し、二子玉川—渋谷間は全駅に停車。先行する列車がすべて先に着くようになった

ば、とくに急行に偏《かたよ》りがちな混雑を分散させることだ。

２００６年（平成18）度、朝ラッシュ時の田園都市線でもっとも混み合う池尻大橋《いけじりおおはし》—渋谷間の混雑率は１９６パーセントだった。

だが、列車ごとの混雑率は、各停は１７０パーセント台だったのに対して急行は２００パーセント超と、急行に乗客が集中する傾向がはっきりと見られた。急行は二子玉川—渋谷間で先行する各停を追い抜くため、確実に早く渋谷に到着するからだ。各停から急行へと乗り換える人の波で溝《みぞ》の口《くち》駅や二子玉川駅のホームは混み合い、急行の遅れが常態化していた。

そこで、朝ラッシュ時はすべての列車が二子玉川—渋谷間の各駅に停まるようにし、追い抜きをなくすことで所要時間を統一。急行で13分、各停で17分だった二子玉川—渋谷間の所要時間を全列車15分とし、どの列車に乗っても同じとすることで混雑の平準化を図ったのだ。

それまでの急行利用者から見れば、所要時間が2分増えたことになるが、そのぶん遅延も約1分短縮されたため、結果的には急行利用者にもメリットをもたらした。

当初は平日朝の上り列車のみだった準急は、２０１４年（平成26）6月からは平日朝の下り列車や土休日を含む日中にも運転を拡大している。

ちなみに、準急が登場するより前にも、朝ラッシュ時の全列車を各停として運転した例がある。２００１年（平成13）7月下旬、田園都市線の田奈《たな》変電所が落雷で故障したときだ。

電力が不足するため、同変電所復旧までの9日間（平日7日間）は長津田《ながつた》—鷺沼《さぎぬま》間の朝ラッシュ時本数を7割に減らし、全列車を各停として運転せざるを得なくなった。当初は大混雑を想像してゾッとした人も多かったようだが、この期間の列車運行は意外にもスムーズで、目立った遅延や混雑の集中もなく、「むしろふだんよりラク」という利用者もいた。

また、8月に多摩川で花火大会が行なわれるさいは、田園都市線は列車の増発とともに夕方～夜間にかけて全列車を各停で運転するのが恒例となっている。「全部各停」の経験とノウハウは、準急の登場以前からあったわけだ。

日本初！「地下区間での追い抜き」を実現！◉東急のココがスゴい！❷

田園都市線や東京メトロ半蔵門線の利用者なら「この電車は、桜新町《さくらしんまち》駅で急行の通過待ちをいたします……」というアナウンスでおなじみであろう駅が桜新町だ。

同駅は、地下2階が中央林間方面行きホーム、地下3階が渋谷方面行きホームとなった2層構造の駅。通過待ちのアナウンスからもわかるとおり、急行列車が各停を追い抜くための通過線を備《そな》えているが、じつは地下駅で通過線を設けたのは桜新町駅が日本初だった。

同駅の開業は、二子玉川―渋谷間が「新玉川線《しんたまがわせん》」として開業した1977年（昭和52）4月。地下駅での追い抜きは、いまでは東京メトロ副都心線の東新宿駅や都営地下鉄新宿線の岩本町《いわもとちょう》・瑞江《みずえ》・大島《おおじま》駅で行なわれているが、新玉川線開業当時は地下区間で追い抜き運転を行なう路線は存在しなかった。

桜新町駅に通過線が設けられた理由は、東横線を例に運行計画を立てたところ、中央林間―渋谷間約31・5キロメートルのあいだに列車の追い抜きが可能な駅は4つ、等間隔に配置するなら約6キロおきに必要だと考えられたためだ。

そこで、新玉川線内では終点である渋谷駅から約6キロ、追い抜き施設のある梶《かじ》が谷《や》駅からも約6キロにあたる場所として、桜新町駅か駒沢大学《こまざわだいがく》駅のどちらかに通過線を設けることになった。

だが、駒沢大学駅は地上を通る首都高速3号渋谷線の高架橋の真下に位置するため、通過線の設置は困難と考えられた。そこで、用地や工法の面で問題のなかった桜新町駅に白羽《しらは》の矢が立った。

通過線がじっさいに使われるようになったのは、田園都市線に急行が登場した1983年（昭和58）1月22日からだ。とくに派手さのある駅ではないが、日本の地下鉄道の歴史を語るうえではちょっと意義のある駅かもしれない。

環境に配慮した駅リニューアルを推進！◉東急のココがスゴい！❸

約1・3キロメートルの通りに400軒あまりの店が軒《のき》を連《つら》ね、メディアにもよく取り上げられる東京都品川区の戸越銀座《とごしぎんざ》商店街。その玄関口が池上《いけがみ》線の戸越銀座駅だ。

1927年（昭和2）の開業から変わらぬ雰囲気を残していた同駅は、2016年（平成28）12月にそれまでの木造駅のイメージを受け継ぎつつ、地元や利用客の声を取り入れたモダンな姿にリニューアルされ、利用者の注目を集めている。

「木になるリニューアル」と銘打《めいう》った今回のリニューアルプロジェクトの最大の特徴は、その名のとおり木材をふんだんに活用していることだ。

ホームは、板を格子《こうし》状に組み合わせた凝《こ》った形の屋根をはじめ、壁やベンチに至るまで木材を使用。上り（五反田駅方面）ホームの片隅《かたすみ》には、旧駅の思い出や駅との関わりを記した利用者のメッセージを刻んだボードも設置されている。

駅舎も内外装をリニューアルし、墨色の外観に金属製の切り文字で駅名とロゴマークを配した姿は、さながら商店街の老舗《しにせ》のようなたたずまい。入り口にはオリジナルデザインの「のれん」もかけられた。

主に使用した木材は、東京の多摩地区で産出された「多摩産材」。ホームとトイレの改築に多摩産材を120立方メートル、丸太に換算して約470本分使用しており、鉄骨造の場合とくらべて建設段階の二酸化炭素放出量を約100トン削減《さくげん》できるほか、都内で産出された木を使うことで森林資源の循環《じゅんかん》利用をうながし、東京の森林・環境保全にも役立っている。

2016年12月にリニューアルされた戸越銀座駅（写真：ヒトミ／PIXTA）

切妻三角屋根の駅舎には「のれん」も設置されている

最近は外国人観光客にも人気が高いという戸越銀座商店街。地域の声を取り入れ、かつての雰囲気を受け継ぎつつ生まれ変わった駅は、これまで以上に街のシンボルとして愛される存在となるだろう。

世田谷線の近代化工事を一夜で遂行！◉東急のココがスゴい！❹

三軒茶屋《さんげんぢゃや》—下高井戸《しもたかいど》間の約5・0キロメートルを結んで走る世田谷線。路面電車タイプの路線だけに、ホームへ続く長い階段を昇り降りする必要はなく、気軽に利用でき、ホームと車両のあいだも段差がないことから、ベビーカーやカートを押した人の利用もよく見られる。

近年は「次世代型路面電車」とよく表現されるLRT（ライトレール・トランジット）に注目が集まっているが、誰にも利用しやすい世田谷線は、まさにその流れにある路線だ。

だが、出入り口にステップのある旧型車両が走っていた2001年（平成13）2月10日までは、ホームはいまより40センチ低く、電車の乗り降りには1段35センチもある段差を2段昇り降りする必要があった。

現在走っている300系電車は旧型車より30センチ床面が低いが、1999年

（平成11）の登場から旧型車の引退までは低いホームから乗り降りするためのステップを備えていた。旧型車を廃止し、ホームの高さを増すことでノンステップ化を実現したわけだ。

このノンステップ化工事は、なんと一夜にして行なわれた。2月10日に最後の旧型車が引退したあと、終電から始発までのあいだに全10駅のホームを300系の床面と同じ高さまで40センチかさ上げしたのだ。高層複合ビル「キャロットタワー」の1階にある三軒茶屋駅のホームは準備が施《ほどこ》されており、深夜にコンクリート製のホームをジャッキアップした。

いまもホームの下を見ると、コンクリート製の土台の上にホームの脚《あし》にかさ上げした部材があるのがわかる。そのほかの駅も、ホームの側面にかさ上げした痕跡《こんせき》を見ることができる。

周到に準備された工事は始発電車までの4時間ほどですべて完了し、翌11日の始発から、一気に段差なしのバリアフリー路線へとバージョンアップ。近代化された路面電車として新たなスタートを切った。

路面電車のバリアフリー化では、最近は「超低床車」と呼ばれる床面の低い車両を導入する例が多い。世田谷線でも、1990年代なかばに近代化に向けた検討が

宮の坂駅のホーム側面。白いコンクリート部分がかさ上げされた箇所

三軒茶屋駅のホームは、ジャッキアップによってかさ上げされた

始まったときには低床車の導入も候補にあったという。

だが、同線の線路幅が1372ミリという特殊なゲージ（軌間）であることから、もし海外製の低床車を導入するとなれば大改造が必要になり、さらに当時はまだ国内での実績もなかったことから、ホームをかさ上げして段差をなくすという方策が採《と》られた。

このように従来の設備を有効に使い、スマートなやり方でバリアフリー化を実現したのだ。

「ワンハンドルマスコン」を本格的に導入！◉東急のココがスゴい！❺

子どもはもちろん、大人でも「先頭車両の一番前」はついつい乗りたくなってしまうもの。運転室の後ろから前方を眺《なが》めていると、景色とともに気になるのが、運転士が操作している運転室の機器類だ。

鉄道会社や車種によって機器類はさまざまだが、東急の電車の特徴は、加速と減速を1本のT字型ハンドルでコントロールできる「ワンハンドルマスコン」を全車に採用していることだ。

マスコンとは「マスターコントローラー」、つまりは車両全体の動きをつかさどる制御器のこと。運転士の操作を見ているとわかるとおり、手前に引くと加速、前方に押すとブレーキがかかる仕組みとなっている。自動車でいうアクセルとブレーキを、1つのハンドルを前後に動かすことで操作できるわけだ。

いまでは幅広く採用されているこのT字型のワンハンドルマスコン、日本で初めて導入したのは東急だった。

すでに全車両が引退しているが、1969年（昭和44）に登場した8000系がその最初だ。電車の運転機器といえば加速を制御するマスコンと、減速を制御するブレーキハンドルの2つがあるのがふつうだった当時、この新しいシステムは注目を浴びた。

東急の最新鋭車両5000系の両手操作式ワンハンドルマスコン（写真:ヤグチ）

開発にあたって課題となったのは、その操作方法だった。手前に引いたときと前方に押したときのどちらを加速にするか、ブレーキにするか……という点だ。

最終的には現在見られるように、手前に引いて加速、前方に押して減速というかたちになったが、これは人間の自然な動きを考えた結果だった。

緊急停車するときを考えると、緊張状態では腕をいっぱいに伸ばして突っ張るのが自然な姿であり、急ブレーキをかければ慣性《かんせい》で身体が前に倒れるのが当然だ。さらに、万が一運転士が気を失った場合も、前に向かって倒れる可能性が高い。これらの点を考慮して、前方に押す操作がブレーキとなったのだ。

現在では当たり前となったワンハンドルマスコン。東急のように両手で握るT字型に統一している鉄道会社もあれば、片手で操作できるタイプを採用する会社もあるなどその形はさまざまだが、「手前に引いて加速、前方に押してブレーキ」の原則は、東急8000系以来すべての鉄道で踏襲《とうしゅう》され続けている。

じつは、モノレールにも関わっていた！◉東急のココがスゴい！❻

東急電鉄がかつて、モノレールを運行していたことがあることをご存じだろうか。その場所は本拠地である東京ではなく、なんと大阪だった。1970年（昭和45）

3月15日から9月13日まで、大阪府吹田《すいた》市の千里《せんり》丘陵で開催された「日本万国博覧会」の場内輸送用モノレールである。

東急電鉄はこのモノレールの運行管理を担《にな》うことになり、万博開催に先立つ1969年（昭和44）8月、鉄道事業本部に「臨時万博モノレール運輸事務所」を設置。戦後日本の急成長を象徴するこの一大イベントに備えることとなった。

路線は会場内の外周約4・3キロメートルを一周する環状《かんじょう》線で、駅は7か所に設置。反時計回りの一方通行運転で、1時間あたり約2万5000人の輸送を可能とした。

訪れる人々に「未来」への夢を感じさせた万博だが、会場内を走ったモノレールもATO（自動列車運転装置）による自動運転を行なうなど、当時最先端の技術を投入した画期的なシステムだった。

なかでも最大の特徴は、その後の日本のモノレール各線に採用され、標準的なシステムとなった「日本跨座《こざ》式都市交通用モノレール」というシステムを採用したことだ。

「跨座式」とはレールにまたがって走る方式のこと。現在も東京モノレールで見られるが、当時の一般的な跨座式である「アルウェーグ式」では車内に走行用のタイヤ部分が出っ張ってしまい、客室の床をフラットにすることができなかった。

これを解決すべく、当時の運輸省が1967年（昭和42）に日本モノレール協会に委託して研究開発したのが「日本跨座式」だ。

床面を高くするとともに車輪径を小さくして車内の床をフラットにし、より多くの乗客を収容できるようにした方式で、万博モノレールでの採用以後はこのシステムが一般的となった。多摩都市モノレールや大阪モノレール（大阪高速鉄道）など、万博以後に開業した国内の跨座式モノレールはすべてこのシステムとなっている。

1日平均35万人に及んだという万博の

大阪万博の会場を走るモノレール（写真：毎日新聞社）

観客輸送を支えたモノレールは、183日の会期が終了するとともに残念ながら廃止に。

現在ではその痕跡を見ることはできないが、ここで花開いた技術は、その後の日本のモノレールの基礎となっている。そして、東急電鉄もそこにひと役買っていたというわけだ。

東急OBの車両は地方私鉄から大人気！ ◉東急のココがスゴい！⑦

地方のローカル鉄道に乗ったとき、「この電車、東急線で見覚えがあるな」と思ったことはないだろうか。

東急で活躍した引退車両の多くは全国各地の鉄道に譲渡《じょうと》され、各線の主力として活躍しており、なかには海外で活躍する仲間もいる。

2017年（平成29）6月現在、元東急の車両が走っている鉄道は、日本国内では北は青森県の弘南《こうなん》鉄道から南は島根県の一畑《いちばた》電車まで13社。このほかに、インドネシアの首都・ジャカルタの通勤鉄道（PT KAI Jabodetabek）でも元東急の車両が活躍している。

国内では全車両が元東急の車両という鉄道も5社あるほか、弘南鉄道や福島交通飯坂《いいざか》線、上田《うえだ》電鉄など、古くなった元東急の車両を新しく導入した元東急の車両で置き換える鉄道もあるほどだ。

なぜ、これほど「東急ＯＢ」は活躍の場が広いのだろうか。その主な理由は、地方の私鉄にとって高性能かつ手ごろなサイズの車両が多かったこと、近年の車両は耐久性が高くメンテナンスの比較的楽なステンレス製となっていること、さらには譲渡先の各社に合わせた改造を行なえるノウハウがあることだ。

好例として挙《あ》げられるのは、日本初のオールステンレス車である７０００系だ。１９６２年（昭和37）に登場したこの車両は１両の長さが約18メート

ジャカルタで活躍中の8500系は、かつて田園都市線を走った車両

ルと、現在の大手私鉄やJRの標準である20メートルより短く、ステンレス製のため車体にサビや目立った傷《いた》みがないこともあって、地方私鉄の「新車」としてひっぱりだこになった。

東急のような都市部の鉄道と地方の鉄道をくらべた場合、大きな違いはその編成両数だ。多くの地方私鉄では先頭車同士をつなげた2両編成で十分なため、そのまま譲渡すると先頭車両が不足してしまう。

そこで東急では、中間車両に運転台を取り付ける改造を行ない先頭車の数を確保。さらに、一部の車両には東急時代にはなかった冷房装置も搭載したうえで譲渡した。

これらの車両は譲渡先の各路線の近代化に貢献し、いまも多くが現役で活躍を続けている。近年注目が集まっていたのは、東横線と東京メトロ日比谷線の直通運転休止にともなって余剰《よじょう》となった日比谷線乗り入れ用車両の1000系（93ページ参照）。こちらも車体の長さが18メートルと手ごろな大きさが受け、いまでは全国の4社が導入している。

日本全国、そして海外で活躍する実力派の「東急OB」たち。つぎの新たな譲渡先はどこになるだろうか。

京急も小田急も、かつては「東急」だった！◉東急のココがスゴい！❽

現在は東横線、目黒線、田園都市線、大井町線、池上線、東急多摩川線、世田谷線、こどもの国線の8路線、104・9キロメートルを運行している東急。だが、一時期は路線網の総延長が現在の3倍を超えていた。第二次大戦中から終戦直後にかけての一時期は、現在の小田急電鉄や京急電鉄、京王電鉄などの路線も「東急」だったのだ。

現在の東急電鉄のルーツである東京横浜電鉄が、小田急電鉄と京急の前身である京浜電鉄を合併して「東京急行電鉄」が発足したのは1942年（昭和17）5月1日。戦時体制下の「陸上交通事業調整法」にもとづく合併だった。

この法律は交通機関同士の過度《かど》の競争などを防ぐ狙いで1938年（昭和13）に公布され、東京ではこれを受けて山手線より内側の路面交通を東京市（現在の東京都）、地下鉄を帝都高速度交通営団（営団地下鉄、現在の東京メトロ）が担当し、山手線の外側を走る私鉄やバスについては4つのブロックに分け、4社に統合する方針がつくられた。

東横電鉄を率《ひき》いる五島慶太《ごとうけいた》は、1941年（昭和16）9月に小田急、11月には京

KAWADE 夢文庫

東急電鉄 スゴすぎ謎学

二〇一七年九月一日　初版発行

著　者……小佐野カゲトシ
企画・編集……夢の設計社
東京都新宿区山吹町二六一〒162-0801
☎〇三―三二六七―七八五一（編集）
発行者……小野寺優
発行所……河出書房新社
東京都渋谷区千駄ヶ谷二―三二―二〒151-0051
☎〇三―三四〇四―一二〇一（営業）
http://www.kawade.co.jp/
装　幀……川上成夫＋川﨑稔子
印刷・製本……中央精版印刷株式会社
DTP……アルファヴィル
Printed in Japan ISBN978-4-309-49974-1

戦時下に統合された「大東急」の系譜

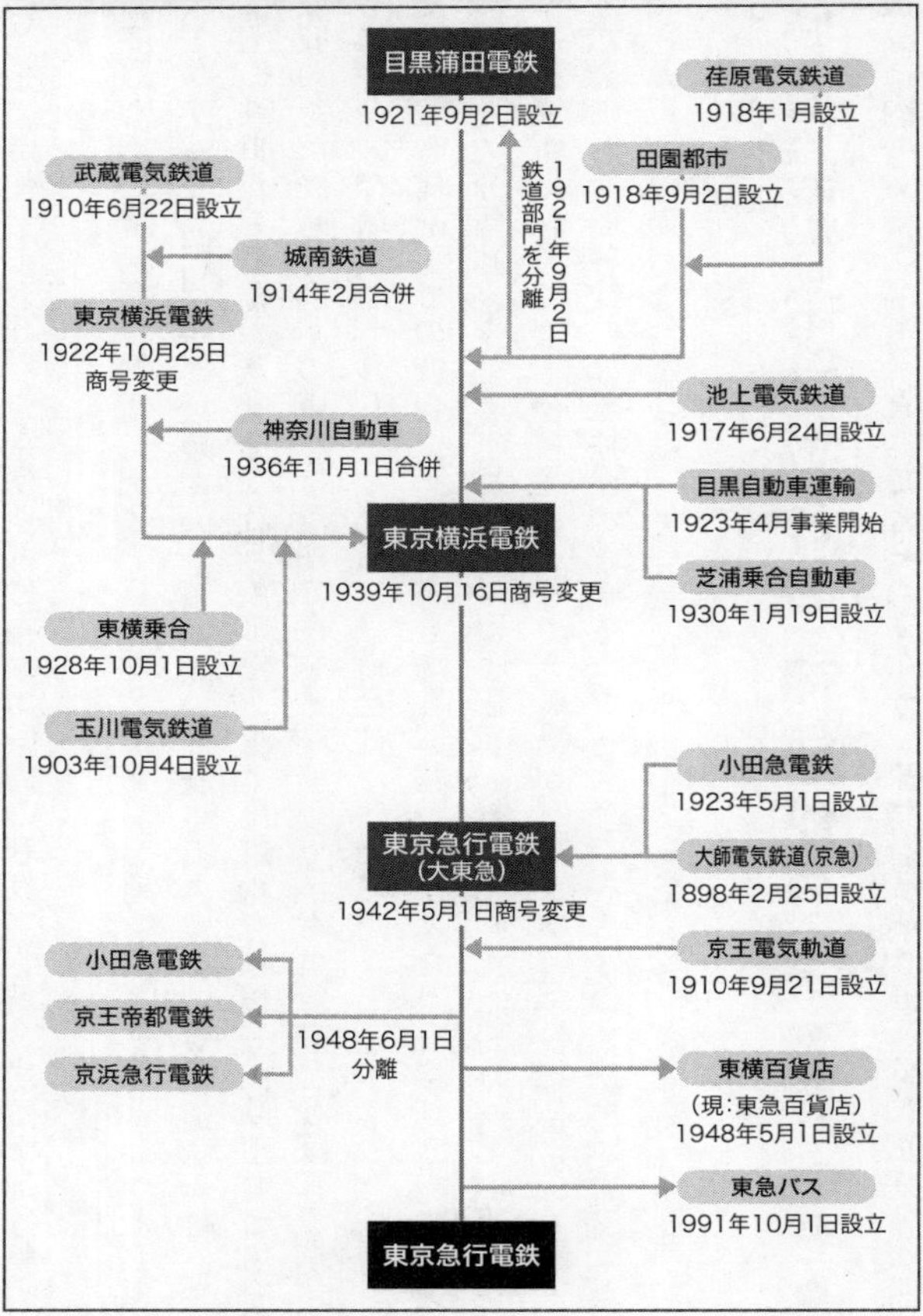
目黒蒲田電鉄
1921年9月2日設立
在原電気鉄道
1918年1月設立
田園都市
1918年9月2日設立
1921年9月2日 鉄道部門を分離
武蔵電気鉄道
1910年6月22日設立
城南鉄道
1914年2月合併
東京横浜電鉄
1922年10月25日
商号変更
池上電気鉄道
1917年6月24日設立
神奈川自動車
1936年11月1日合併
目黒自動車運輸
1923年4月事業開始
東京横浜電鉄
1939年10月16日商号変更
芝浦乗合自動車
1930年1月19日設立
東横乗合
1928年10月1日設立
玉川電気鉄道
1903年10月4日設立
小田急電鉄
1923年5月1日設立
東京急行電鉄
(大東急)
1942年5月1日商号変更
大師電気鉄道(京急)
1898年2月25日設立
京王電気軌道
1910年9月21日設立
小田急電鉄
京王帝都電鉄
京浜急行電鉄
1948年6月1日
分離
東横百貨店
(現:東急百貨店)
1948年5月1日設立
東急バス
1991年10月1日設立
東京急行電鉄

浜の社長に就任しており、東京南西部や神奈川県内の私鉄網を統合する下地《したじ》は整っていた。

合併によって路線網の総延長が270キロメートルを超す巨大私鉄となった東急は、1944年（昭和19）には現在の京王電鉄の前身である京王電気軌道を合併、さらに相模《さがみ》鉄道から路線の運営を受託《じゅたく》したほか、江ノ島電鉄、箱根登山鉄道なども傘《さん》下《か》に収めた。戦時体制下の東急は現在の東急と区別して「大東急」と呼ばれるが、まさにその呼び名にふさわしいマンモス鉄道会社だったのだ。

だが、戦時体制下での統合だったこともあり、終戦後はふたたび「独立」の機運が高まった。分離独立を強く求めたのは旧小田急の社員だったというが、旧京浜電鉄や旧京王電気軌道でもその機運は高まり、終戦直後の1945年（昭和20）12月、株主総会において各社の分離独立が承認された。

現在の東急の姿となったのは、小田急、京急、京王が分離独立した1948年（昭和23）6月1日のことだ。

なんと、東急電鉄ゆかりの「神社」がある！◉東急のココがスゴい！❾

横浜市内の「梅の名所」として知られるのが、東横線大倉山《おおくらやま》駅近くに広がる大倉

山公園の梅林《ばいりん》だ。駅を出て坂を上ること数分、小高い丘に広がる約6万9000平方メートルの公園の一角を占《し》める梅林には32種類・約200本の梅が植えられており、1月下旬から3月上旬にかけてが見ごろ。毎年2月には観梅会《かんばいかい》も開かれており、多くの人でにぎわう。

この公園内にある神社が「東横神社」だ。その名のとおり、東急の前身である東京横浜電鉄（東横電鉄）が1939年（昭和14）に造営した神社である。実質的な創業者である五島慶太や、同社の創立に大きく関わっている渋沢栄一《しぶさわえいいち》ら功労者を祀《まつ》っている。

残念ながら、入り口には柵《さく》とともに「当神社では一般公開は致しておりませ

東横神社の鳥居。関係者以外の参拝は受け付けていない

ん」「関係者以外の参拝はご遠慮ください」との注意書きがあり、内部の様子を見ることはできない。

東横百貨店開店5周年を記念して1939年に出版された『東横百貨店』（百貨店日日新聞社刊）によると、本殿は神明造《しんめいづくり》で総檜《ひのき》屋根檜葺《ぶ》きだという。神社をつくったのは、創業以来の功労者らを祀るとともに、社員の心のよりどころとなるべき存在が必要だと考えられたためのようだ。

鎮座祭《ちんざさい》のあいさつで東横電鉄社長の五島慶太は「本邦一の電鉄会社、東横スピリットの祭り所として」とその意義を語っている。さらに五島は、この地を選んだ理由についても述べており「土地高燥《こうそう》、関東一の称ある大倉山梅林の北東最高地に位し西方遠く富士の霊峰を仰《あお》ぎわが社の沿線中最好適地と考えた」ためと説明している。

現在は横浜市の公園となっている大倉山公園と梅林だが、もともとは東横電鉄が乗客の誘致を目的に1931年（昭和6）に開園。戦前は1000本を超える一大梅林だったという。

関係者以外には残念ながら縁はないものの、神社は梅林に囲まれた高台《たかだい》から東急の発展を見守り続けてきたわけだ。

グループ初の豪華観光列車がついに登場！◉東急のココがスゴい！⑩

全線が都市部を走り、いわゆる「リゾート」的な観光地を沿線に持たない東急。だが、東急グループとしてはリゾートホテルなどをはじめ、数多くの観光事業を手がけている。

そのなかでも長年力を入れてきたのは、伊東《いとう》―伊豆急下田《いずきゅうしもだ》間を結ぶ東急グループの鉄道である「伊豆急行（伊豆急）」を軸として観光事業を展開してきた伊豆半島。東急の実質的創業者・五島慶太の思い入れも深く、下田の寝姿山《ねすがたやま》には「五島慶太は伊豆とともに生きている」という碑《ひ》が立っているほどだ。

その伊豆半島と横浜を結ぶ豪華観光列車が、２０１７年（平成29）７月21日から運行を開始した。「THE ROYAL EXPRESS（ザ・ロイヤルエクスプレス）」だ。

伊豆急が運行していた展望電車「アルファ・リゾート21（179ページ参照）」を全面的に改造し、ＪＲ九州の豪華列車「ななつ星in九州」などで知られるデザイナーの水戸岡鋭治《みとおかえいじ》氏によるデザインにリニューアル。有名シェフの監修による食事を楽しみながら旅を楽しめるクルーズ列車に生まれかわった。

運行は伊豆急（ＪＲ乗り入れ区間はＪＲ）が行ない、サービス面を東急が担当。運

行区間が東京発着ではなく横浜—伊豆急下田間なのは、東横線が乗り入れる横浜が東急沿線からの窓口になる場所であることと、所要時間が約3時間程度となり、観光列車として手ごろなためという。

列車は8両編成で定員は100人と、ぜいたくなスペースの使い方が売り物。客席のクラスは家族連れなどがカジュアルに楽しめる「ゴールドクラス」と、より高級な「プラチナクラス」の2つがあり、プラチナクラスは専用の食堂車で食事が楽しめる。

インテリアは「ななつ星in九州」など、水戸岡氏が手がけた豪華列車と同様に木材をふんだんに使ったデザインが特徴。車内ではピアノやバイオリンの生演奏が行なわれ、結婚式などもできるフリースペースや寿司カウンター、子どもの遊び場や図書室まで設けられている。

また、オリジナルのテーマ曲もつくられ、さらに出発地である横浜駅には専用ラウンジまであるという気合いの入れようだ。

気になるお値段は、食事付きの乗車プランが大人1人2万5000円〜3万5000円、宿泊や観光をセットにしたクルーズプランが2名1室で最高15万円。ちょっとお高いものの、最近話題となっているJRの豪華クルーズ列車にくらべれば手

「THE ROYAL EXPRESS」のクルーズプラン

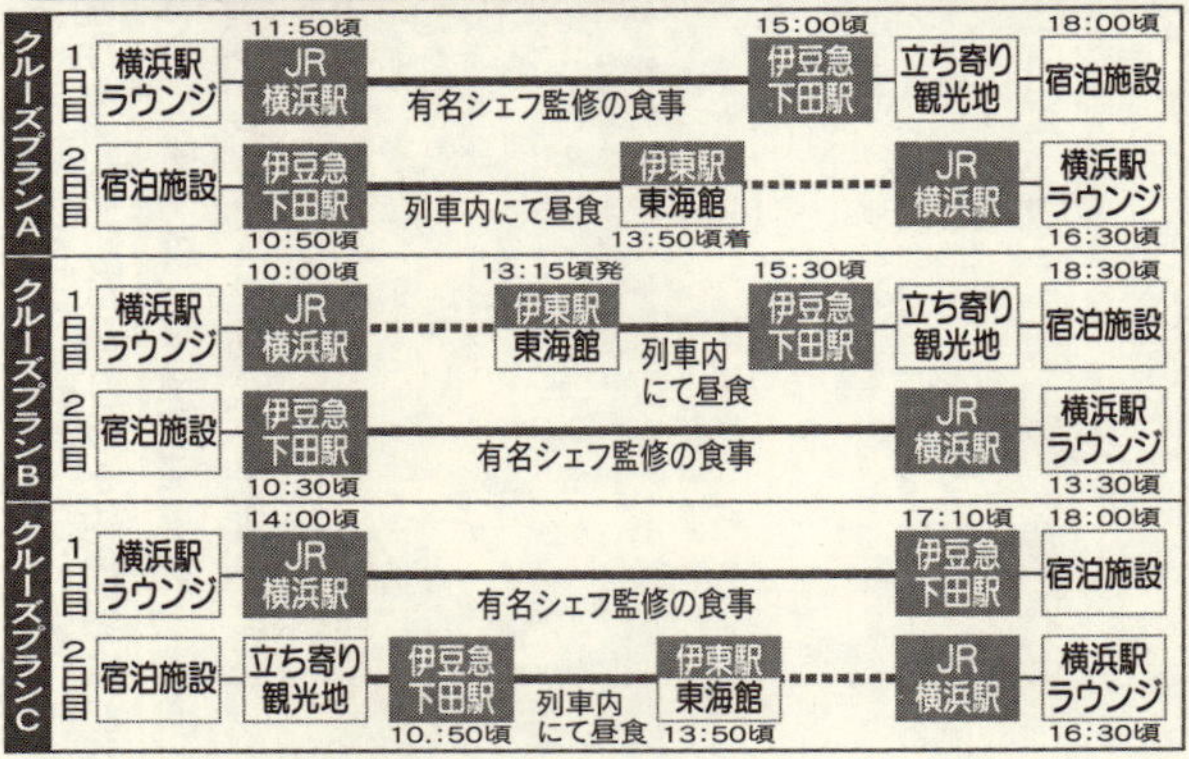

——— THE ROYAL EXPRESS
‥‥‥‥ スーパービュー踊り子　　※公式ホームページを参考に作成

伊豆観光列車「THE ROYAL EXPRESS」（写真：毎日新聞社）

が届く価格帯といえる。

運行を開始した7月の予約倍率は最高で10倍強だったといい、今後人気は高まりそうだ。まずは、東横線横浜駅の構内にある専用ラウンジ隣接《りんせつ》のカフェで、雰囲気を味わってみるのもいいかもしれない。

2

思いがけない発見が目白押し!

路線の謎学

たとえば…
大井町線はかつて
「田園都市線」だった?!

5年後に開業予定!「相鉄・東急直通線」の目的とは?

東横線沿線から東海道新幹線を利用する場合、菊名《きくな》でJR横浜線に乗り換え、一駅乗って新横浜へ……というルートが一般的だ。

それほど面倒なわけではないが、東横線と新幹線は武蔵小杉《むさしこすぎ》駅付近などでかなり近くを走っているだけに、直接乗り換えられたら便利だと思う人も多いだろう。現在、その願いをかなえる新路線「相鉄《そうてつ》・東急直通線」の建設が、2022年度下期の開通をめざして進められている。

相鉄・東急直通線は、日吉《ひよし》から新横浜を経て、JR東海道貨物線の貨物駅、横浜羽沢《はざわ》駅付近に至る約10キロメートルの路線。横浜羽沢駅と相模《さがみ》鉄道(相鉄)の西谷《にしや》駅を結ぶ約2・7キロの「相鉄・JR直通線」とともに「神奈川東部方面線」と呼ばれ、開通後は相鉄線とJR横須賀線、相鉄線と東横線・目黒線が相互直通運転を行ない、相鉄線沿線と都心が1本で結ばれる。関係者は相鉄・東急直通線を「ST線」、相鉄・JR直通線を「SJ線」と呼ぶことが多いようだ。

日吉―西谷間の途中に設置される駅は、新綱島《しんつなしま》・新横浜・羽沢の3駅(いずれも仮称)。相鉄・東急直通線には朝ラッシュ時10~14本程度、その他の時間帯は4~6

神奈川東部方面線の路線図

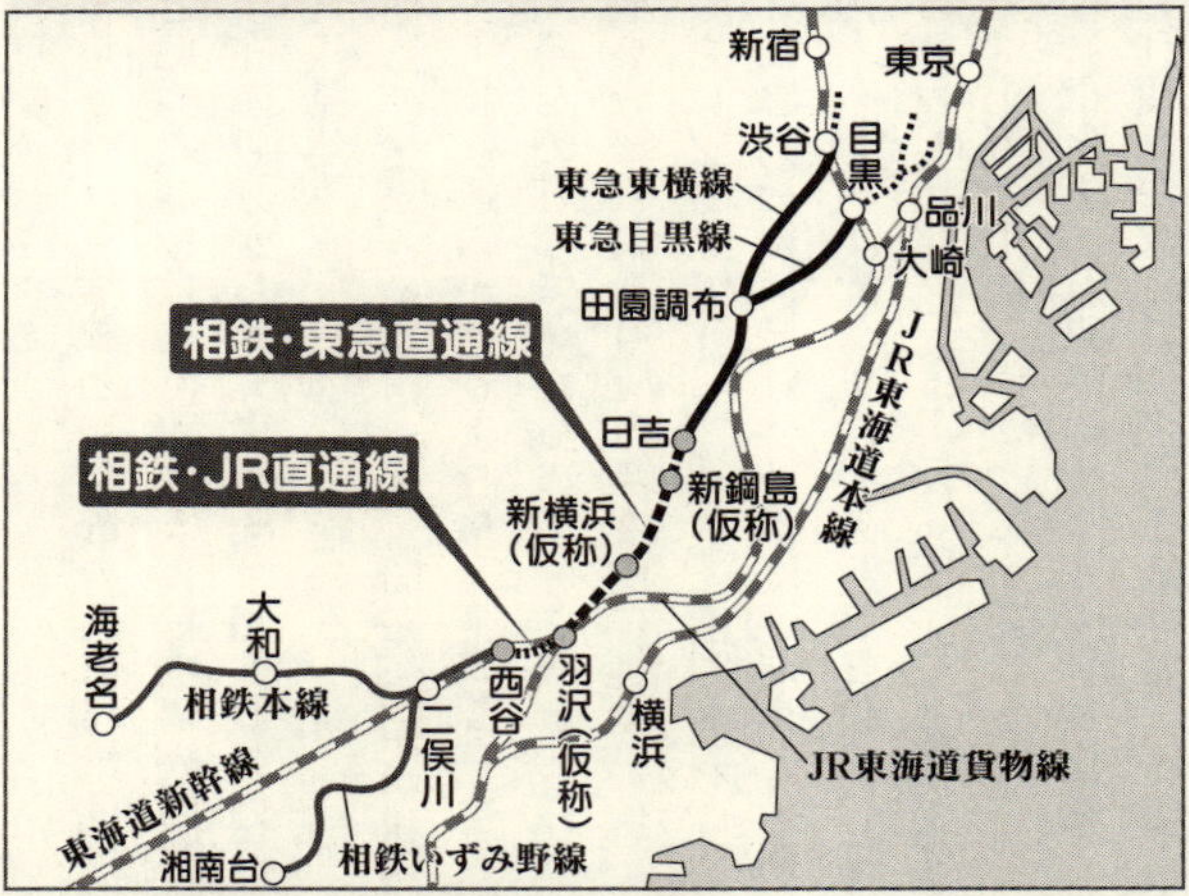

神奈川東部方面線の事業内容

	相鉄・東急直通線	相鉄・JR直通線
整備区間	JR東日本東海道貨物線横浜羽沢駅付近～東急東横線日吉駅	相鉄本線西谷駅～JR東日本東海道貨物線横浜羽沢駅付近
延長	約10.0キロメートル	約2.7キロメートル
軌間	1067ミリメートル	1067ミリメートル
運行区間	海老名・湘南台～西谷～羽沢（仮称）～日吉～渋谷・目黒方面	海老名・湘南台～西谷～羽沢（仮称）～新宿方面
運行頻度	朝ラッシュ時：10～14本程度、その他の時間帯：4～6本程度	朝ラッシュ時：4本程度、その他の時間帯：2～3本程度
車両編成数	8両、10両	10両
開業予定時期	2022年度下期	2021年度下期

※鉄道・運輸機構のホームページを参考に作成

本程度が運行される予定だ。

現時点では東横線と目黒線の両方に乗り入れるのか、あるいは片方のみになるのかといった詳細《しょうさい》はまだ決まっていないが、想定では渋谷から新横浜までの所要時間は現在の41分から30分に短縮。相鉄線の二俣川《ふたまたがわ》から目黒へも54分から38分へと短縮される見込みだ。

期待の集まる神奈川東部方面線だが、建設はちょっと難航《なんこう》している。当初は相鉄・JR直通線が2015年（平成27）4月、相鉄・東急直通線が2019年4月の開業をめざしていたものの、JRとの接続する部分の工事の都合でJR直通線の開業をいったん2018年度内に延期。

さらに2016年（平成28）8月には、JR直通線の開業時期を2021年度下期、東急直通線は2022年度下期へと延期し、両線を合わせた事業費も2739億円から47パーセント増の4022億円に増えることが発表された。理由は用地取得が難航していることと、東急直通線の新綱島駅予定地付近の地盤が予想より軟《なん》弱《じゃく》で、工事に手間がかかっていることだ。

なにはともあれ東急沿線、とくに東横線・目黒線の利用者にとっては新横浜方面への利便性が大幅に向上する新路線。予定どおりの開業を期待したいところだ。

東横線と田園都市線は、じつはつながっている！

クルマの車検と同様、電車も定期的な検査を行なうことが定められている。とくに大がかりなのは、4年または走行距離が60万キロメートルを超えない期間内に行なう「重要部検査」や、8年を超えない期間ごとにすべての機器を取り外して行なう「全般検査」だ。

東急ではこれらの検査を、こどもの国線の恩田《おんだ》駅の近くにある「長津田《ながつた》車両工場」で行なっている。

同工場では東急全線のすべての車両のほか、第三セクターの横浜高速鉄道が保有するみなとみらい線（143ページ参照）、こどもの国線車両の検査を一手に引き受けているが、ここで疑問が湧《わ》くのが「車両の行き来」だ。日常的に長津田付近を走るこどもの国線や田園都市線、同線と溝《みぞ》の口《くち》―二子《ふたこ》玉川《たまがわ》間で並走《へいそう》する大井町線の車両はともかく、東横線や池上線、東急多摩川線の車両はどのようにして長津田までやってくるのだろうか。

じつは、世田谷線を除く東急の各線はすべてつながっている。東横線は田園調布で目黒線と、目黒線は大岡山《おおおかやま》で大井町線と線路がつながっているため、たとえば東

横線の車両が長津田に来る場合は、まず田園調布で目黒線に乗り入れ、次いで大岡山で大井町線に転線。さらに二子玉川から田園都市線に入って長津田へというコースをたどる。

池上線と東急多摩川線は一見すると〝離れ小島《こじま》〟のようだが、東急多摩川線が目黒線とつながっている（68ページ参照）。同線の電車は地下ホームの多摩川駅で蒲田《かまた》方面に折り返すが、蒲田方面と反対側のトンネルも行き止まりにはなっておらず、線路は田園調布駅の手前で目黒線に接続しているのだ。

現在の東急多摩川線ホームが地下化されたのは1997年（平成9）6月。当時はまだ目黒線と東急多摩川線が分離される前の「目蒲《めかま》線」時代だったため、電車は目黒から蒲田までこのホームを通って直通運転を行なっていた。目蒲線が目黒線と東急多摩川線に分離されたのは2000年（平成12）8月のことだ。

このようにつながっている東急各線だが、唯一《ゆいいつ》の例外が世田谷線。線路の幅も異なり、完全に独立しているため、長津田車両工場で検査を受けるさいは、台車などをトラックで輸送し、車体などは上町《かみまち》の車庫で検査を行なっている。

田園都市線は地下鉄銀座線と直通運転するはずだった?!

２０００年（平成12）８月までは「新玉川線《しんたまがわ》」と呼ばれ、現在は田園都市線の一部となっている渋谷—二子玉川間の地下区間。この地域や田園都市線沿線に長く住んでいる人なら、いまでもつい「新玉川線」と言ってしまうことがあるのではないだろうか。

「新玉川線」という名前は、かつて渋谷—二子玉川園（現：二子玉川）間を結んでいた路面電車「玉川線」と同じ区間を走る新線という意味だ。同線は当初から地下鉄半蔵門《はんぞうもん》線に乗り入れを行なうことを前提に計画され、じっさいに開業時から現在に至るまで、ほとんどの列車が半蔵門線と直通運転を行なっている。

だが、新玉川線が計画された当初の乗り入れ先は半蔵門線ではなかった。地下鉄銀座線との直通運転が考えられていたのだ。

終戦直後の１９４６年（昭和21）度、東急は戦後復興に向けた3か年計画を立案《りつあん》したが、このなかには玉川線を路面から専用の線路へと移設する「専用軌道《きどう》化」の計画が含まれていた。

専用軌道化は大正時代に玉川線の複線化を行なうさいに一度計画されたものの、

沿線住民の反対で断念していたが、このときは将来的に渋谷で地下鉄に乗り入れることも考慮して、玉川線を高架化する案が打ち出された。

このような計画が起こったのは、世田谷区の人口増加や渋谷の発展などにともない、玉川線の輸送量が急増していたためだ。専用軌道化は結局実現しなかったが、東急は改めて1956年（昭和31）7月23日、玉川線のバイパス的な新路線として「新玉川線」の免許を運輸大臣（当時）に申請した。

この路線は渋谷を出てしばらく高架を走ったあと地下に入り、大橋付近でふたたび地上に出て桜新町《さくらしんまち》付近まで高架、その先は盛土《もちつち》区間で二子玉川園までを結ぶ8・8キロメートルの計画。渋谷では地下鉄銀座線と直通するため、線路幅は銀座線に合わせて東急各線や玉川線とも異なる1435ミリ、電化方式も線路脇のレールから集電する「第三軌条《きじょう》集電」の計画だった。

当時の計画では、路面電車の玉川線はそのまま存続する予定だった。免許申請書では、新玉川線建設の目的について「輸送力の少い玉川軌道線及びバスのみを以《もっ》てしては如何《いかん》ともすることができないのでありまして何等かの根本的対策が必要なのであります」と、その必要性を説明している。

1959年（昭和34）2月に同線は免許されたが、このさいには1つの「鉄道監

督局長通達」が付け加えられた。渋谷—三軒茶屋《さんげんぢやや》間については、1964年（昭和39）開催の東京オリンピックに向けて国道246号を拡幅《かくふく》する計画があるため、これが実行される場合には同時に施行《しこう》すべしという内容だ。

これを受けて東急は路線計画の見直しを行ない、渋谷—三軒茶屋間は地下、そのほかは主に蛇崩川《じやくずれがわ》の上に設けた高架とすることにした。世田谷区議会からは、三軒茶屋から先についても全線地下化を求める意見が出されたが、五輪開催前に新玉川線を開通させるべく、東急はひとまず自社案で工事施工認可を取得した。

だが、都による道路拡幅用地の買収が遅れ、五輪までに地下鉄工事を行なうのは困難な情勢となってきた。結局のところ工事は五輪後に持ち越されることになったが、そのころにはさらに新たな変化が生まれつつあった。「東急多摩田園都市」の開発が始まり、その足を担《にな》う田園都市線からの乗り換え客を考えると、小柄《こがら》な車両の6両編成である銀座線の規格では、乗客をさばき切れないという見方が強まってきたのだ。

そこで浮上したのが新しい地下鉄「11号線」、つまり半蔵門線の計画だった。東急が関係各方面に要望を行なった結果、都市鉄道の基本方針を策定《さくてい》する運輸省（当時）の「都市交通審議会」は1968年（昭和43）の「第10号答申《とうしん》」に「二子玉川方面

新玉川線の計画当初のルート

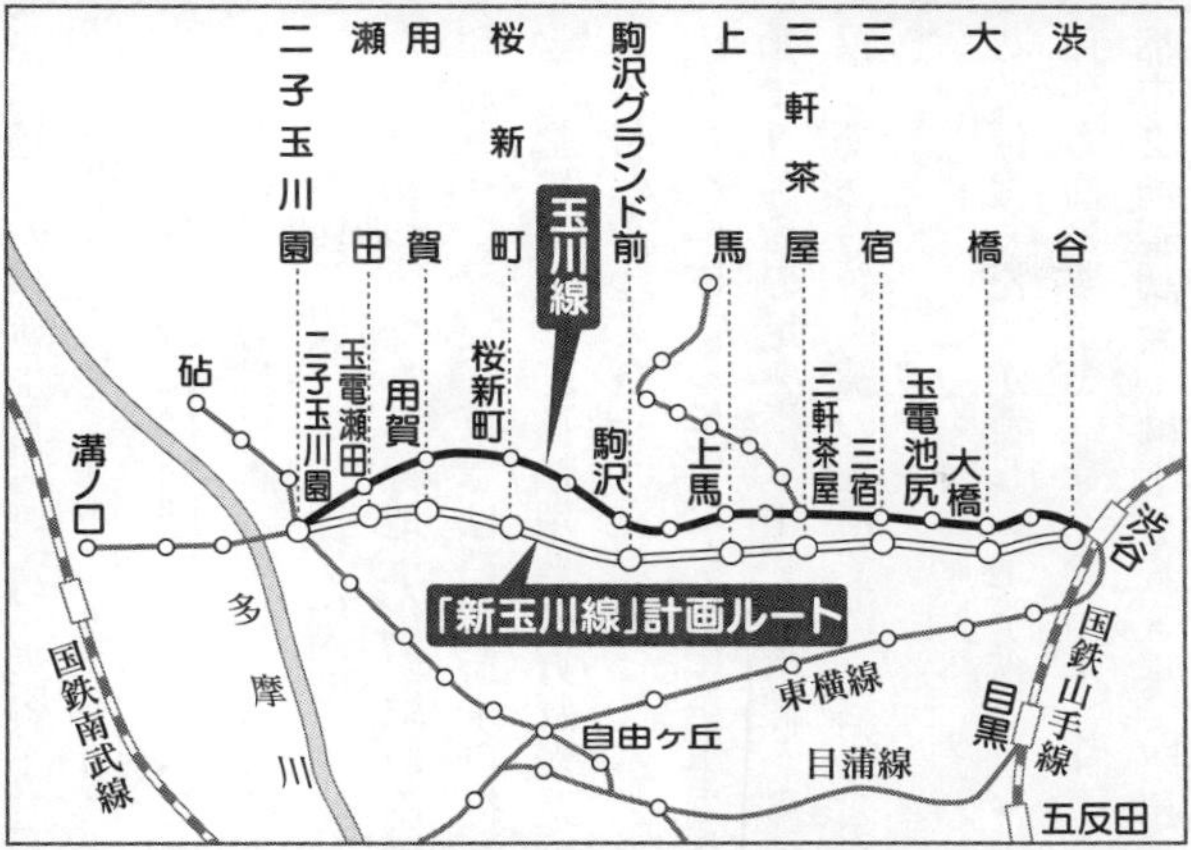

田園都市線内を走る東京メトロ半蔵門線8000系

より三軒茶屋、渋谷、神宮前《じんぐうまえ》、永田町《ながたちょう》、九段下《くだんした》、神保町《じんぼうちょう》及び大手町《おおてまち》の各方面を経て蠣殻町《かきがらちょう》方面に至る路線」の計画を盛りこんだ。

これは、現在の田園都市線―半蔵門線にあたるルートで、新玉川線はこの計画路線の一部として建設されることになったのだ。

最終的な建設計画が固まったのは1968年8月。大橋《おおはし》―三軒茶屋間など2か所で高速道路工事と新玉川線工事を同時に施工し、その障害となる玉川線渋谷―二子玉川園間は廃止すること、さらに新玉川線は蛇崩川上の高架でなく、従来の玉川線に沿って全線を地下化するなどの方針が決まり、ついに1969年（昭和44）5月、新玉川線の建設工事が始まった。

同線が開業したのは1977年（昭和52）4月7日。そして翌年8月、半蔵門線の渋谷―青山一丁目間が開業し、両線の直通運転が始まった。

もし当初の計画どおり、新玉川線が銀座線との直通運転のまま建設されていれば、二子玉川駅では田園都市線からの乗り換え客が列車に乗り切れず、現在の混雑どころの騒ぎではなかったかもしれない。そう考えれば、いまの田園都市線の混雑も我慢できる……？

大井町線は、かつて「田園都市線」だった?!

大井町線は、大井町から二子玉川を経《へ》て溝《みぞ》の口《くち》までの約12・4キロメートルを結ぶ路線。池上線、目黒線、東横線、田園都市線の各線と接続し、都心部から放射状に延《の》びる東急各線をつなぐ役割を担っている。

2009年（平成21）7月には、田園都市線の二子玉川―溝の口間複々線化にともなって二子玉川から溝の口までの延伸《えんしん》を果たし、田園都市線の混雑緩和《かんわ》と都心へのバイパスルートとしての機能も担うようになった大井町線。だが、かつてはいまの大井町線が「田園都市線」だったのだ。

新たに開発する「東急多摩田園都市」の基幹《きかん》路線として、東急が溝の口（当時は「溝ノ口」）―長津田間の鉄道敷設《ふせつ》免許を申請したのは1956年（昭和31）のこと。当時、大井町線は現在と同様に大井町―溝の口間を結ぶ路線だったが、同線を延伸することで都心方面とニュータウンを結ぶ足とする計画だった。

翌年には終点を長津田から中央林間《ちゅうおうりんかん》まで延ばす計画に改め、路線免許を得たのは1960年（昭和35）9月。溝の口―長津田間の延伸工事は1963年（昭和38）10月に着工し、このさいに大井町線は多摩田園都市の足となる路線にふさわしい名前

として「田園都市線」に改称された。

こうして「大井町線」という路線名はいったん消滅。１９６６年（昭和41）には長津田まで開業し、大井町―長津田間を結ぶ電車が走り始めた。

当時は、現在のように田園都市線を渋谷に直通させる考えはまだなかった。二子玉川―渋谷間を結んでいた路面電車の玉川線に並行するバイパスとして「新玉川線」を建設する計画も進んでいたものの、この路線は前項でも述べたとおり東急各線とは規格の異なる地下鉄銀座線と直通する前提で進められていたためだ。

東急が将来的な田園都市線の都心直通ルートとして考えていたのは、都営地下鉄三田《みた》線への乗り入れだった。現在は西高島平《にしたかしまだいら》―三田―目黒間を結ぶ同線だが、当初は高島平から大手町を経て泉岳寺《せんがくじ》までを結ぶ路線として計画されていた。

東急は池上線の桐ヶ谷《きりがや》（戸越銀座《とごしぎんざ》駅付近）から泉岳寺までの路線を建設したうえで、田園都市線を旗の台《はただい》から池上線に直通させ、三田線への乗り入れを行なう構想だったのだ。

だが、このプランは結果的に頓挫《とんざ》。さらに新玉川線についても、銀座線規格の車両では増加する利用者をさばき切れない可能性が高まってきた。そこで東急は、新玉川線を田園都市線と直通させ、さらに大型車両の10両編成が運転可能な規格とす

「大井町線」の沿革

1927年(昭和2)	7月6日、目黒蒲田電鉄が大井町線(大井町―大岡山間)を開業
1929年(昭和4)	12月25日、大岡山―自由ケ丘間開業により全線が開業。二子玉川線を大井町線に統合し、大井町―二子玉川間の直通運転を開始
1943年(昭和18)	7月1日、玉川線(溝ノ口線)二子読売園―溝ノ口間の軌間を1372ミリから1067ミリに改軌し、大井町線に編入
1958年(昭和33)	1月15日、架線の電圧を600ボルトから1500ボルトに昇圧
1963年(昭和38)	10月11日、大井町線を「田園都市線」に改称。「大井町線」という名称が消滅する
1979年(昭和54)	8月12日、田園都市線の列車が二子玉川園から新玉川線を経由して渋谷・営団地下鉄半蔵門線方面への直通運転を開始。同時に大井町―二子玉川園間が「大井町線」として分離され、約16年ぶりに名称が復活

ることに方針を改めた。

新玉川線は1977年(昭和52)4月に二子玉川園(現:二子玉川)―渋谷間が開業。当初、田園都市線との直通は日中の快速のみだったが、1979年(昭和54)8月12日からは全列車を新玉川線への直通に切り替え、二子玉川園―大井町間は田園都市線から切り離されることになった。

分離された区間に付けられた路線名は「大井町線」。溝の口―二子玉川園間は田園都市線のまま残ったため、以前より区間は短くなったものの、16年ぶりにこの名前が復活したのだ。

いまでは溝の口までふたたび延伸され、混雑する田園都市線のバイパスとし

て都心へのもう1つのルートを構成する大井町線。だが、東急多摩田園都市と都心部を結ぶ足としての歴史は、じつはこちらのほうが古いというわけだ。

池上線が都営三田線に乗り入れる計画があった！

東京メトロ南北線とともに、目黒線との直通運転を行なっているのが都営地下鉄三田線。2000年（平成12）9月26日の乗り入れ開始以来、目黒線・東横線沿線から日比谷や大手町などの都心部に直結する路線として重宝《ちょうほう》されている同線だが、1960年代には東急の別の路線との乗り入れが考えられていた。その路線とは、池上線と田園都市線だ。

三田線のルーツは1957年（昭和32）の建設省（当時）告示で、地下鉄5号線（現在の東京メトロ東西線）の支線と位置付けられた大手町―上板橋《かみいたばし》間の路線計画だ。この計画はその後、1962年（昭和37）の「都市交通審議会」で上板橋・志村《しむら》から日比谷、三田を経て西馬込方面への路線「6号線」へと発展。この地下鉄新路線に乗り入れを希望したのが東武鉄道の東上《とうじょう》線と東急だった。

前項でも触れ《ふ》たとおり、東急が考えたのは、池上線の戸越銀座―大崎広小路間にあった廃駅「桐ヶ谷」付近からの新路線「泉岳寺線」を建設し、泉岳寺で6号線に

乗り入れるという計画だった。同線を建設するとともに、池上線と大井町線が交差する旗《はた》の台《だい》駅付近で両線を結べば「懸案《けんあん》となっている大井町線延長線すなわち田園都市線の建設にともなう都心乗り入れ問題が解決できると踏んだため」(『多摩田園都市開発35年の記録』より)だ。

当初、6号線はすでに開業していた1号線(現在の都営浅草線)と同じ線路幅1435ミリメートルでの建設を計画していた。西馬込に車庫をつくり、1号線と6号線で共用する狙いがあったためだ。だが、東急と東武の乗り入れ要請を受け、都は6号線の線路幅を東急・東武と同じ1067ミリメートルに計画変更。さらに、西馬込につくる車庫は1号線用とし、泉岳寺―西馬込間は6号線ではなく1号線の延長線として建設することに変更した。このため、6号線用には別に新たな車庫を設けることとした。

2社の乗り入れ要望に応《こた》えてさまざまな計画変更を行なった6号線だが、結果として東急との乗り入れは破談《はだん》に終わった。東急と都で言い分は異なるものの、簡単に言えば東急の「泉岳寺線」と都営地下鉄1号線の延長線が並行する、泉岳寺―桐ヶ谷間の建設時期について揉《も》めたためだ。

工事は同時着工する必要があったが、この区間をなるべく早く建設したい都に対

泉岳寺駅を経由した都心直通計画

桐ヶ谷駅（1953年廃止）を復活させ、桐ヶ谷～泉岳寺間を東急が建設し、泉岳寺から6号線（現在の都営三田線）に乗り入れる予定とされていた

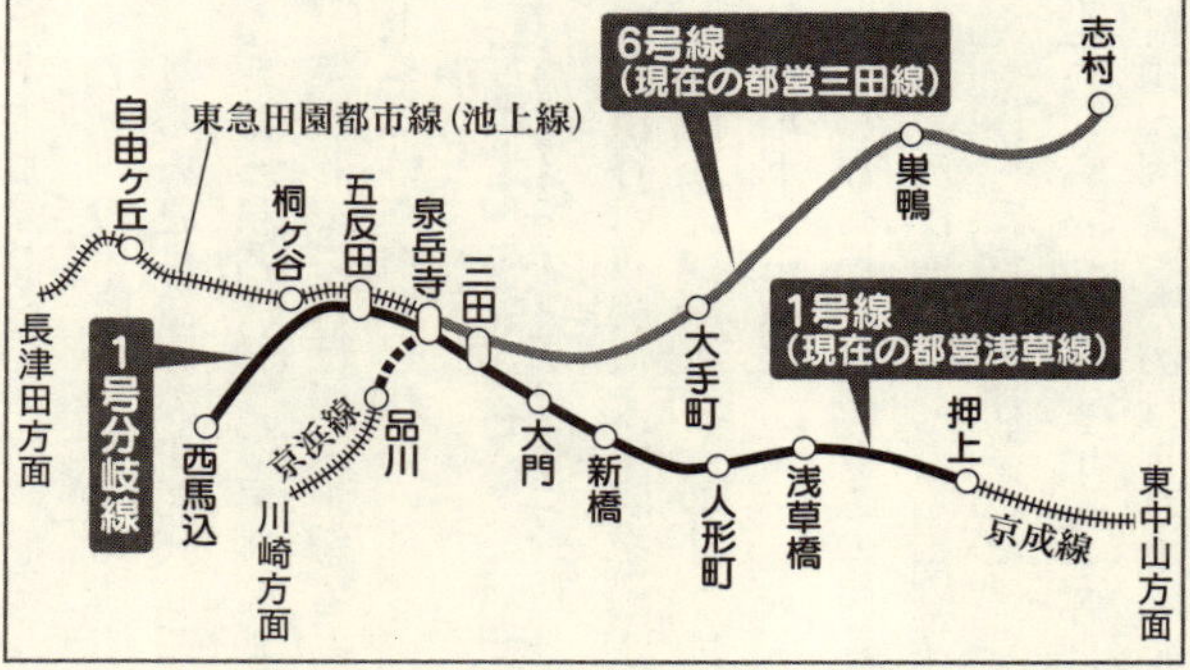

し、東急は一気に多額の投資を行なうことには慎重姿勢だった。意見の違いにより話はこじれ、都は結局単独で1号線延長線の建設を決断。東急は1965年（昭和40）に6号線直通のプランを放棄し、田園都市線の都心直通ルートを新たな地下鉄新線と直通する「新玉川線」（現在の田園都市線渋谷―二子玉川間）に定めることとなった。

こうして東急に振られた6号線はその後、東武東上線にも振られることとなってしまい、乗り入れのためにせっかく合わせた線路幅や車両規格も意味を持たないことに。1968年（昭和43）12月に最初の区間が開業してから2000年（平成12）に東急目黒線と

の直通を開始するまでの約30年間、他線との乗り入れがない孤立した路線として歩むこととなった。ちょっとかわいそうな三田線ヒストリーだ。

ちなみに、もし東急泉岳寺線が開業して田園都市線との乗り入れを行なっていれば、田園都市線から泉岳寺線、６号線を通じて東武東上線と直通運転が行なわれる計画だった。実現していれば、東上線直通電車は現在見られる東横線ではなく、田園都市線を走っていたかもしれない。

田園都市線は高速道路と「一心同体」で走っている！

田園都市線は渋谷から駒沢大学《こまざわだいがく》駅を過ぎたあたりまで――道路の交差点名でいえば「道玄坂上《どうげんざかうえ》」付近から「新町《しんまち》一丁目」付近までの約5キロメートルにわたって、国道２４６号の地下を走る。

道路上空には首都高速3号渋谷線の高架が通っており、さながら鉄道と道路の三《さん》位一体《みいったい》といえるこの区間。じつは田園都市線のトンネルと首都高速3号線の高架は、本当に「一体」でつくられていた。

紆《う》余《よ》曲《きょく》折《せつ》を経て、かつて新玉川線と呼ばれた田園都市線・渋谷―二子玉川間のルートや工事計画が固まったのは１９６８年（昭和43）８月。このときに路面電車の

玉川線廃止や現在の地下線のルートが確定したが、同時に決まったのは「首都高速3号線と同時施工する」ことだった。1966年（昭和41）7月に、東名高速道路と都心を結ぶ首都高速3号線が建設されることになったため、工事の支障となる玉電を撤去《てっきょ》して地面を掘り返し、新玉川線の地下トンネルと高速道路の基礎を同時に建設することになったのだ。

渋谷―二子玉川間約9・6キロのうち、高速道路とルートが重なっているのは約5キロ。このうち高速道路と一体で工事を行なう必要があったのは3区間・計約3キロで、渋谷側からいうと、大橋付近から三軒茶屋駅の先約650メートルまでの約2・7キロ、駒沢大学駅部分の約210メートル、さらに国道246号が新道と旧道に分かれる新町一丁目交差点付近の約90メートルだ。

駅でいうと、池尻大橋・三軒茶屋・駒沢大学の3駅が含まれる区間だ。ちなみに当初、池尻大橋駅は「大橋池尻」、駒沢大学駅は「駒沢公園」という駅名になる予定で、開業直前に現駅名に決まった。

工事はまず、高速道路と同時に施工するこれらの計3キロを第1期工事として1969年（昭和44）5月に開始。地上から地面を掘り起こす開削《かいさく》工法で行なわれ、高速道路の橋脚《きょうきゃく》基礎を兼《か》ねたコンクリートの箱形トンネルを構築するかたちで行

なわれた。

高速道路の高架は場所によって形が違うため、トンネルの形状もその橋脚の形に合わせて異なっている。たとえば、駒沢大学駅は島式ホームが厚い壁で仕切られているが、この部分が高速道路の橋脚基礎だ。第1期工事は首都高速3号線の開通と同時の1971年（昭和46）12月に完成。新玉川線は引き続き残る6・7キロの工事を続け、約5年半後の1977年（昭和52）4月に開業を迎えた。

多摩田園都市に住む人々の生活を支える重要な足である田園都市線は、じつは首都高3号線も文字どおり「支えて」いるのだ。

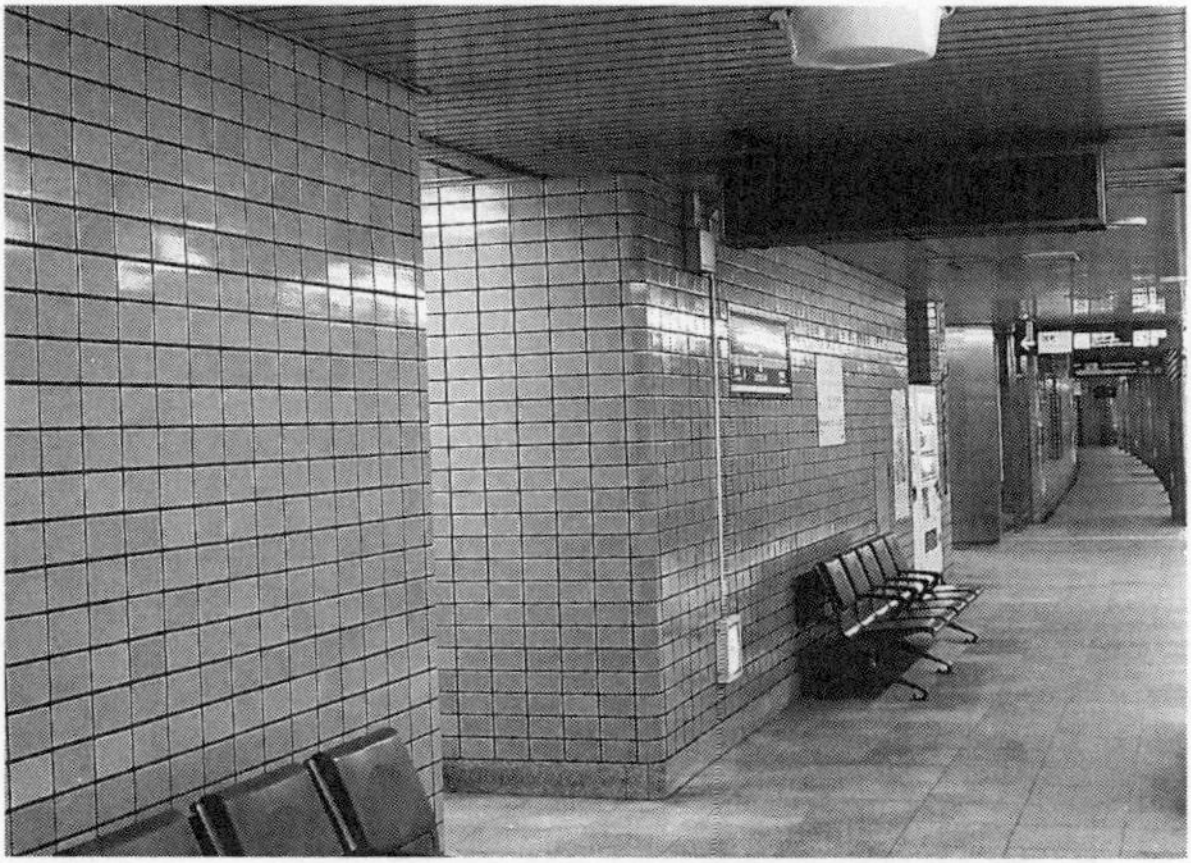
駒沢大学駅ホームの「厚い壁」は首都高速の橋脚の基礎部分

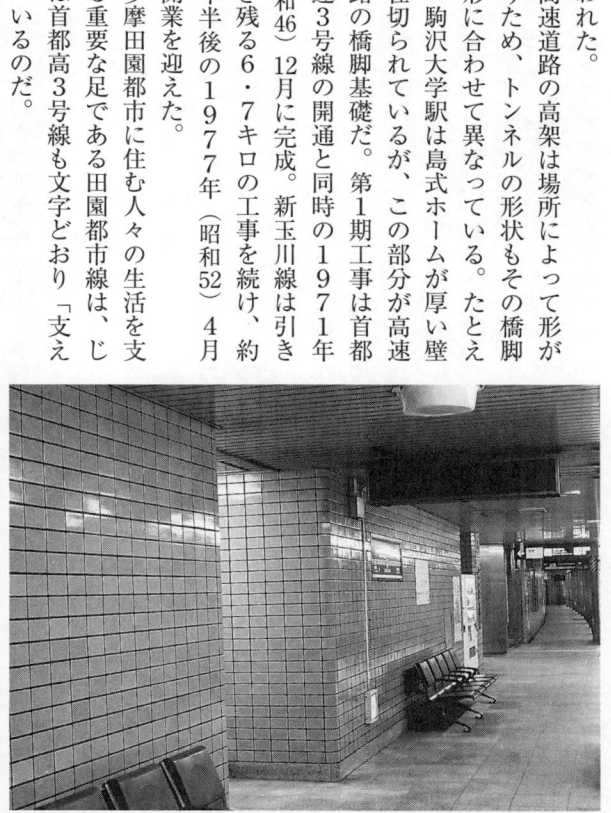

田園都市線に「町田延伸計画」が存在していた！

人口60万人を超える東急多摩田園都市の足となっている田園都市線。だが、同線のユーザーは沿線住民に限らない。長津田で接続するＪＲ横浜線沿線や、中央林間で接続する小田急江ノ島線沿線からも多くの乗り換え利用者が存在する。

たとえば町田《まちだ》。小田急小田原線とＪＲ横浜線が乗り入れる東京南西部の拠点《きょてん》だが、新宿へは小田急線１本で行けるものの、渋谷へ向かうならＪＲ横浜線・田園都市線経由というルートもある。もし田園都市線が町田まで乗り入れていれば、新宿方面は小田急線、渋谷方面は田園都市線と、交通の選択肢が広がるはずだ。

そこで町田市が実現を求めたのが「田園都市線の町田乗り入れ」。新路線を建設するのではなく、田園都市線の列車をＪＲ横浜線に乗り入れさせて、町田まで直通運転を行なうというアイディアだ。

構想が浮上したのは１９７０年代。その後動きは本格化し、１９８３年（昭和58）12月の市議会では早期実現に向けた意見書を全会一致で採択、翌１９８４年（昭和59）１月には、市議会議長らが東急電鉄と国鉄（当時）西鉄道管理局に対して申し入れを行なった。当時の新聞報道によると、東急は「前向きに検討する」、国鉄は「横

浜線の輸送能力にはまだゆとりがあり、研究したい」との意向を示したという。

だが、現状を見ればわかるとおり、この構想は結局実現していない。2000年（平成12）9月の市議会では、当時の寺田和雄《てらだかずお》市長が田園都市線乗り入れ構想について「私の感じとしては、国鉄のほうにあまり乗り気がなかったといいましょうか、あまりメリットを感じないというふうな点で積極的でなかった」と答弁しており、調整がうまくいかなかったのが実情のようだ。

その後も市議会ではときおり、田園都市線乗り入れについての質問が出ているものの、2010年（平成22）6月には市の担当者が「現在のところ実現性は薄いものと考えております」と答えている。

ユニークなプランだったが、残念ながら実現の可能性は低そうだ。

東急多摩川線が「多摩川線」と名乗らない理由は？

多摩川《たまがわ》駅と蒲田駅を結ぶ、全長約5・6キロメートルの短い路線が東急多摩川線。かつては現在の目黒線・目黒―多摩川間と一体で、2000年（平成12）8月までは目黒―蒲田間を結ぶ「目蒲線《めかません》」と呼ばれていた路線の一部だ。

目黒線と当線が分離されたのは、東横線の混雑緩和策が影響している。もともと

田園調布─多摩川園（現：多摩川）間で東横線と並走していた目蒲線を日吉まで延伸して東横線の複々線として機能させ、さらに営団地下鉄（現：東京メトロ）南北《なんぼく》線、都営地下鉄との乗り入れを行なうことで、都心へ向かう人の流れを分散させようとしたのだ。それまで4両編成の電車がのんびり走っていた目蒲線だったが、このプロジェクトによって目黒─多摩川間は8両編成に対応できるよう改築され（現在の運行体系は6両編成）、ホームドアも完備した近代的路線「目黒線」へと大出世。

いっぽう、多摩川─蒲田間は地域輸送に徹《てつ》する支線として新たなスタートを切ることになった。このさいに名付けられたのが、現在の路線名「東急多摩川線」だ。

ここで注意したいのが、路線名の頭にわざわざ「東急」と付いていること。車内の路線図や駅の乗り換え案内などでも、東横線や目黒線は「東横線」「目黒線」と書かれているのに対し、多摩川線は「東急多摩川線」と表記されている。「東急」まで含めた路線名が正式な呼び名なのだ。

社名を冠《かん》した路線名となった理由は、すでに西武鉄道に「多摩川線」（武蔵境《むさしさかい》─是政《これまさ》）が存在したため。そう遠く離れていない地域に同じ路線名が存在すると、利用者の混同《こんどう》を招きかねない。そこで「東急」を含む路線名を名乗ることにしたわけだ。もっとも、利用者のあいだでは単に「多摩川線」と呼ばれるのが一般的で、さ

「目蒲線」と「目黒線・東急多摩川線」の路線図

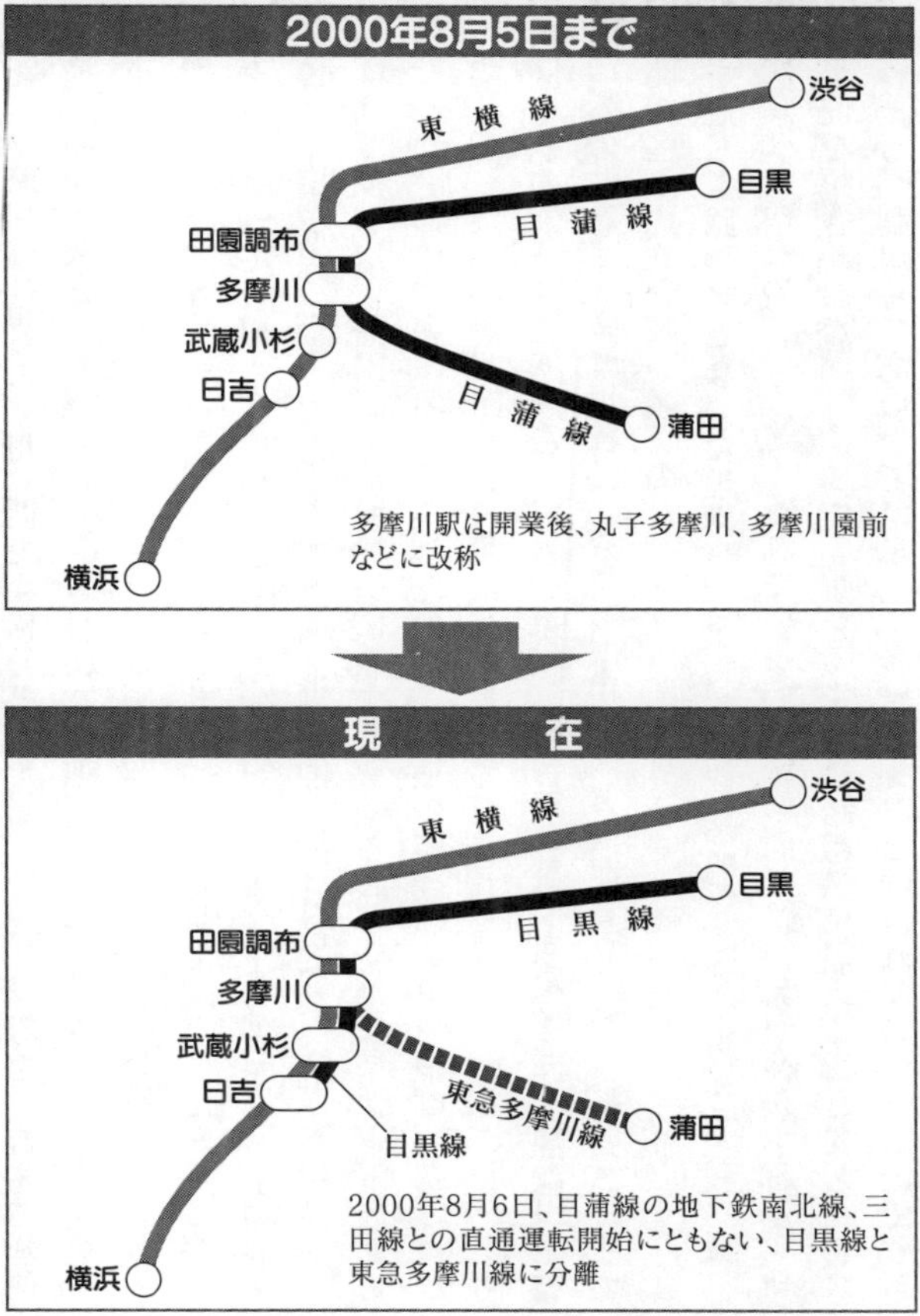

らに言えば、西武多摩川線は地元だと「是政線」と呼ぶ人も多い。

目蒲線が目黒線と東急多摩川線に分割された2000年（平成12）8月6日には、ほかにも路線名が変わった区間がある。田園都市線の二子玉川―渋谷間だ。

同区間はそれまで「新玉川線」と呼ばれていたが、列車の運行は田園都市線と一体のため、実態に即《そく》して田園都市線に統一された。「しんたまがわせん」が消えた日に「たまがわせん」が生まれたわけだ。

「蒲蒲線」とはどんな計画で、どこまで進んでいる？

東横線や目黒線の列車がひっきりなしに行き交《い か》う高架複々線の多摩川駅。その地下から出発し、蒲田までを結ぶのが東急多摩川線だ。

3両編成の列車がのんびり走る「都市部のローカル線」といった風情《ふぜい》の路線だが、じつは渋谷や東京メトロ副都心線、さらには東武東上線や西武池袋線沿線と羽田空港を結ぶ重要な空港アクセス路線になる可能性を秘めている。東急多摩川線と京急電鉄空港線を結ぼうという「新空港線」、通称「蒲蒲線《かまかません》」構想だ。

蒲蒲線構想は、東急多摩川線の矢口渡《やぐちのわたし》駅付近から現在の蒲田駅地下を経て京急電鉄の京急蒲田駅、さらには京急空港線の大鳥居《おおとりい》駅付近までを結ぶ地下線を建設す

蒲田駅付近の予定配線図

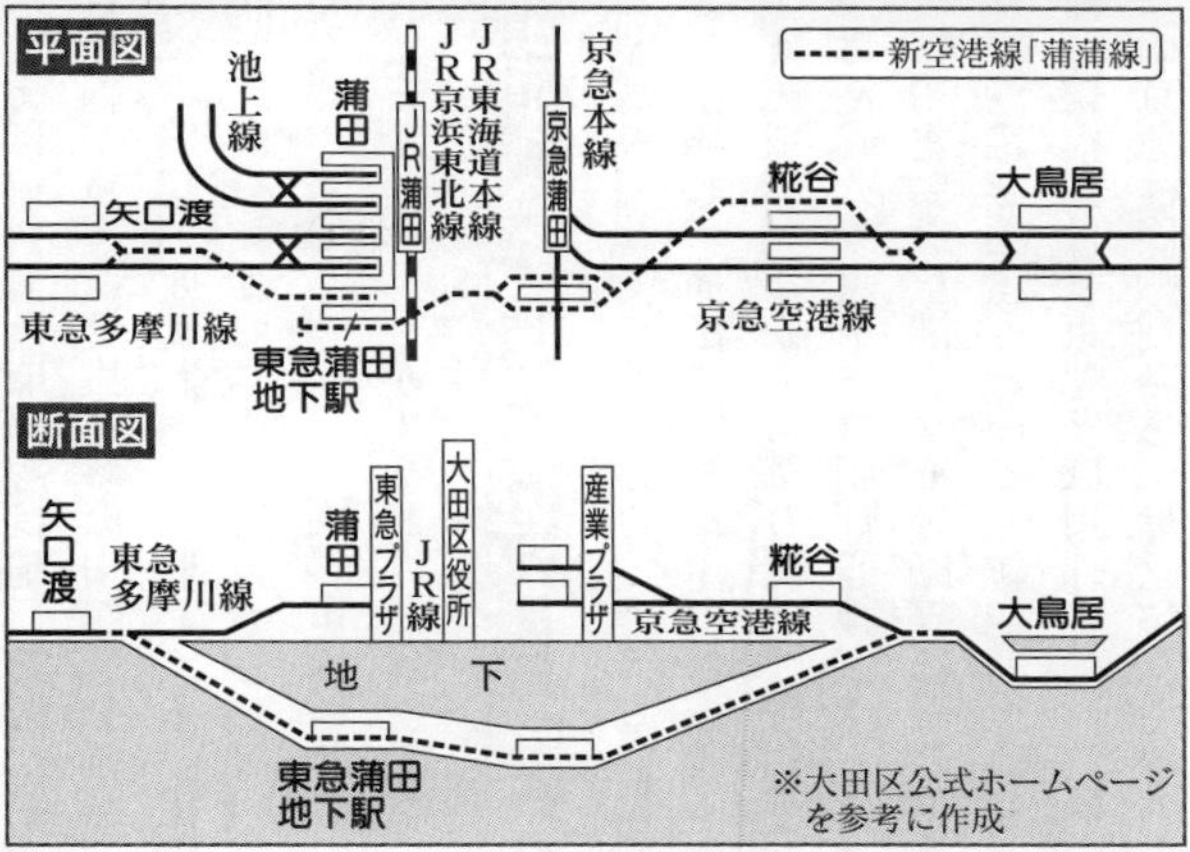

※大田区公式ホームページを参考に作成

るというもの。

「かまかません」とはちょっとユーモラスな名前だが、約８００メートル離れた東急・ＪＲの蒲田駅と京急蒲田駅という２つの蒲田駅を結ぶ路線ということからこの名で呼ばれている。東急と京急は線路幅が異なるため、そのままでは直通できないという課題はあるものの、現状では乗り換えが不便な２つの蒲田駅を結ぶだけでも空港アクセスの利便性が高まるというわけだ。

この計画を長年にわたってプッシュしてきたのは地元の東京都大田《おおた》区。２つの蒲田駅が結ばれることで街の活性化につながるのはもちろん、東横線経由で首都圏の幅広いエリアから羽田空

港へのアクセスが向上すること、さらには予想される効果の高さに対して整備する距離が短く済み、ほかの羽田空港アクセス鉄道計画とくらべても比較的低コストで実現可能と見られることから、都や国に対して実現に向けた要望を重ねてきた。

そのかいあって、2016年（平成28）に国土交通大臣の諮問《しもん》機関、交通政策審議会がまとめた東京圏の鉄道整備についての答申では、蒲蒲線が「国際競争力の強化に資《し》する鉄道ネットワークのプロジェクト」の1つに位置付けられた。

とくに矢口渡—京急蒲田間については、事業化に向け「費用負担について合意形成を進めるべき」と一歩踏みこんだ表現で記載され、大田区は「高評価を得た」とPRしている。

2017年（平成29）2月には、大田区の松原忠義《まつばらただよし》区長が「2017年度中に整備主体となる三セクを設立したい」と表明。試算では、矢口渡—京急蒲田間の事業費は1260億円で、費用対効果を示す「費用便益比《べんえきひ》」も基準値の1を上回る1・5となっており、区は関係者に事業の実現を呼びかけている。

さまざまな課題はあるものの、実現に向けた取り組みが進む蒲蒲線。いずれ、東急多摩川線に東横線から直通の「空港アクセス列車」が乗り入れる日が来るかもしれない。

時代とともに通勤路線へと進化した「こどもの国線」

田園都市線・JR横浜線の長津田駅から分岐《ぶんき》する、全長約3・4キロメートルの短い路線が「こどもの国線」だ。その名のとおり、多摩丘陵《きゅうりょう》に広がる約100万平方メートルの広大な子どもの遊び場「こどもの国」へのアクセス路線。2両編成の電車が、主に平日は通勤・通学客、休日はこどもの国への来園者らを乗せて緑豊かな風景のなかをのんびりと往復している。

東急の車両内にある路線図にも、ちゃんと同社の路線網の一部として描《えが》かれているこどもの国線。だが、じっさいに乗ってみると、ちょっと不思議なことに気づくはずだ。

長津田駅で田園都市線から乗り継ぐ場合は、すぐ隣に見えているのにいったん、改札を出なければならない。車体の色もほかの東急線とはまったく違う黄色と水色で、しかも駅には東急のほかに「横浜高速鉄道」のロゴもある。横浜高速鉄道は、東横線と直通運転する「みなとみらい線」を運営している第三セクターだ。

いったい、こどもの国線はどちらの鉄道会社が走らせているのだろうか？

その答えは「車両や施設を保有しているのが横浜高速鉄道で、電車を走らせてい

るのが東急」だ。鉄道事業法では、自前の施設で列車を運行する鉄道事業者を「第一種鉄道事業者」、他社が保有する線路を借りて列車を運行する事業者を「第二種鉄道事業者」、運行は他者が行ない、施設のみを建設・または保有する事業者を「第三種鉄道事業者」と呼ぶが、こどもの国線の場合は、横浜高速鉄道が第三種鉄道事業者、東急が第二種鉄道事業者となる。

1965年（昭和40）に開園したこどもの国へのアクセス路線として、この路線が開業したのは1967年（昭和42）4月。こどもの国の敷地は旧日本陸軍の田奈《たな》弾薬庫補給廠《ほきゅうしょう》だった場所で、こどもの国線は弾薬庫への専用線を流用して建設された。線路などの施設はこどもの国を運営する「こどもの国協会」が保有し、東急が協会からの委託《いたく》を受けて列車を運行するかたちで運転が始まった。

当初、運行時間はこどもの国の開園時間に合わせて8時台から18時台まで、休園日は1時間に1本程度と完全に来園者輸送に特化した路線で、この状態が長年続いた。昭和40〜50年代に東急沿線や多摩地区で子ども時代を過ごした人なら、白地に赤と黄色のラインが入った2両編成の専用車両を覚えている人もいるだろう。同線は今も昔も単線だが、かつては行き違いができなかったため、夏休みなどのシーズン中には大井町線の5両編成が〝助っ人〟として走る姿も見られた。

こどもの国線を走る車両は横浜高速鉄道のY000系(写真:barman/PIXTA)

「こどもの国線」の沿革

1965年(昭和40)	5月5日、田奈弾薬庫跡地に「こどもの国」が開園
1967年(昭和42)	4月28日、引込線跡を利用し、長津田駅とこどもの国駅を結ぶ「こどもの国線」が開業。鉄道施設はこどもの国協会が保有し、東京急行電鉄がこれを借り受けて運営を行なう
1987年(昭和62)	鉄道事業法施行により、東京急行電鉄が第二種鉄道事業者、こどもの国協会が第三種鉄道事業者となる
1989年(平成元)	1月26日、ワンマン運転開始
1997年(平成9)	8月1日、社会福祉法人こどもの国協会から横浜高速鉄道に、こどもの国線の第三種鉄道事業免許を譲渡。10月1日、こどもの国線改良工事開始
1999年(平成11)	8月1日、Y000系運転開始
2000年(平成12)	3月29日、通勤線化。恩田駅開業。休園日ダイヤ廃止

だが、沿線の宅地化進展にともない、こどもの国線を通勤・通学時間帯にも利用できるようにしてほしいとの声は年々増加。これに応《こた》えるかたちで１９９７年（平成9）から「通勤線化」のプロジェクトが進められることになった。

同年８月に、こどもの国協会は横浜市を中心とする三セクの横浜高速鉄道に施設を譲渡《じょうと》。同鉄道はこどもの国の休園日に列車を運休し、路線の中間に行き違いのできる駅として恩田駅を新設するなどの工事を進め、２０００年（平成12）３月29日、晴れて「通勤線化」が完成した。現在は、平日朝夕は約10分間隔、日中は20分間隔で運転され、来園者輸送だけでなく地域の足としての役割を担っている。

ちなみに、こどもの国線の前身といえる弾薬庫への専用線が開通したのは１９４２年（昭和17）。

線路は現在のこどもの国の中央広場、牧場口駐車場に延びており、弾薬はここから国鉄（現：ＪＲ）横浜線を経由して全国へ運ばれた。こどもの国の園内には、現在も弾薬庫の跡が残っている。

駅間が一番短い区間、長い区間はどこ？

総延長１０４・９キロメートルの路線に97の駅が存在する東急。単純に計算する

と、駅と駅のあいだの平均距離は1・08キロだ。路面電車に属する世田谷線の駅間が短いのは当然として、そのほかの路線でもっとも駅間が短いのはどこだろうか。

答えは池上線の五反田《ごたんだ》―大崎広小路《おおさきひろこうじ》間。五反田駅から列車に乗ると、発車直後に「東急池上線をご利用くださいましてありがとうございます。この電車は蒲田行きです。次は大崎広小路、大崎広小路です。お出口は……」と放送が入り、英語放送が終わるころには大崎広小路駅のホームに入っている。その時間は約1分。まさにあっという間だ。

この区間の距離はわずか約340メートル。ほぼ並行している道路を歩いても、5分もあれば着いてしまう距離だ。田園都市線や東横線の10両編成が停車できるホームの長さが約210メートル、16両編成の東海道新幹線の全長が約400メートルということを考えると、この駅間がいかに短いかわかるだろう。新幹線の1号車から16号車まで歩くよりも短いのだ。

逆に、駅間が一番長いのは東横線の日吉―綱島《つなしま》間で約2・2キロ。次いで田園都市線の渋谷―池尻大橋間が約1・9キロ。東急全線で駅間の距離が2キロを超えているのはこの1区間だけということだ。

3

きらめく名車たちが勢ぞろい！

車両の謎学

たとえば…
ステンレス車ばかりか
「アルミ車」も存在していた！

●ほとんどの車両が銀色に輝くステンレス製なのは、なぜ？●

いまでは全国的に当たり前の存在となった、銀色に輝く車体のステンレス製電車。錆《さ》びることなく強度の高いステンレス鋼は、メンテナンスの軽減や軽量化の面で鉄道車両の素材としてメリットが大きく、とくに首都圏の鉄道では、いまや車体を塗装した電車のほうが珍しい存在となるまでに普及した。

その先陣を切っていち早くステンレス車両の投入を進めたのは東急、そして開発をリードしてきたのは、グループの車両メーカーである東急車輛《しゃりょう》製造（以下、東急車輛）だった。

東急線上に初のステンレスカーが登場したのは、いまをさかのぼること約60年前の１９５８年（昭和33）。ほかの路線との比較でいえば、山手線にステンレス車が登場するより約30年も早かったのだ。

ステンレス車両の歴史はアメリカから始まった。金属加工や自動車車体などを手がけていた同国のメーカー、バッド（Budd）社によってステンレス車両の開発が始められたのは１９３０年代。本格的なステンレス車両の始祖《しそ》は、同社が１９３４年（昭和９）に製造したシカゴ・バーリントン＆クインシー鉄道の流線型ディーゼル列

車「パイオニア・ゼファー」とされる。

日本で鉄道車両にステンレスを使ったのは、本州と九州を結ぶ関門《かんもん》トンネル用の電気機関車、EF10形が最初だ。海底トンネルならではの塩分を含んだ漏水《ろうすい》への対策として、1953年（昭和28）に既存車両の外板《がいはん》をステンレスに張り替えるかたちで登場したが、あくまで特殊用途の面が強かった。

国内の鉄道で本格的なステンレス車両導入の機運が高まったのは昭和30年代に入ってからだ。1956年（昭和31）、海外の市場開拓に向けた車両メーカー団体の海外訪問代表団長として中南米を訪れた東急車輌社長の吉次利二《よしつぐとしじ》氏は、ブラジルで見たバッド社製のステンレスカーに感銘《かんめい》を受け、「最初はまねごとでもよいからステンレスカーを作ろうと決心した」（『東急車輌30年のあゆみ』〈東急車輌製造株式会社編〉）という。そして1958年（昭和33）に生まれたのが最初のステンレスカー、東急5200系だ。同時期に国鉄（当時）も試作ステンレス車両を導入したが、東急のほうが一歩早かった。

だが、5200系や次いで登場した6000系は、外板こそステンレスだったものの、骨組みや台枠《だいわく》には従来と同じ鋼材を使ったため、軽量化や耐蝕性《たいしょくせい》向上には大

アメリカ・バッド社が開発したステンレス車「パイオニア・ゼファー」

国産初のステンレスカー「5200系」（写真：ちのろ／PIXTA）

きな効果はなかった。そこで、本格的なオールステンレス車両の製造に向け、東急車輌はバッド社との提携を画策《かくさく》した。

バッド社は工場見学すらなかなか認めない企業で、交渉は難航《なんこう》したというが、最終的には東急側の熱意に押され、ついに1959年（昭和34）12月に技術提携契約を結んだ。その結果として誕生したのが、1962年（昭和37）にデビューを飾った日本初のオールステンレス車両である東急の7000系だ。

骨組みから台枠までステンレスを使用し、バッド社が開発したステンレス溶接技術「ショットウェルド」によって組み立てられたこの車両は、日本のオールステンレス車両の基礎となった。

その後、東急車輌はバッド社とのライセンス契約にもとづいてステンレス車を多数製造。昭和40年代以降、東急電鉄が導入する新型車両はすべてステンレス車となり「東急=銀色の電車」のイメージが強まっていった。

1976年（昭和51）からは、省エネ化に向けて従来のステンレス車よりもさらなる軽量化を実現するための技術開発がスタート。1980年（昭和55）には東急車輛独自の技術による日本初の量産軽量ステンレスカー8090系が登場した。コンピュータシミュレーションなどを活用した構造解析などの結果、従来のステンレ

国産初のオールステンレス車両「7000系」（写真：ハフフホ）

東急独自の技術によって開発された「8090系」

ス車より約2トンの軽量化を実現。側面もそれまでの波板状《なみいた》の「コルゲート」から「ビード」と呼ばれる細いラインの入ったスタイルとなり、外観上もスマートになった。ここに東急車輛は「バッド社直伝」の製法から一歩を踏み出し、独自のステンレス車両製造技術を生み出したのだ。

その後もステンレス車両の技術は進化を続け、現在ではビードのないフラットな側面の車両が一般的に。車体の組み立て技術にも、溶接痕《あと》が目立たず歪《ひず》みも少ないレーザー溶接が導入され、より美しい外観を実現できるようになっている。

東急車輛は2012年（平成24）にJR東日本の傘下《さんか》となり、社名も「総合車両製作所」と変わったが、いまもステンレス車体技術のトップメーカーだ。

世田谷線を除く東急の車両がすべてステンレス車両となったのは、JRをはじめ首都圏の各線でステンレス車の導入が本格化し始めた時期の1989年（平成元）。もちろん大手私鉄では初で、2001年（平成13）には世田谷線も含めて全線のステンレス車両化を実現した。

鉄道各社のポリシーもあるため一概《いちがい》には言えないが、現在のステンレス車両の隆《りゅう》盛《せい》を見れば、いち早く開発に取り組んだ東急車輛、そして導入を進めた東急の先見《せんけん》性《せい》は高く評価されていいだろう。

●ステンレス車ばかりか「アルミ車」も存在していた！●

現在では全車両がステンレス製車体となっている東急。1964年（昭和39）製造の玉川線用（のちに世田谷線で使用）デハ150形以降、東急は基本的にステンレス製車両のみを導入しているが、2両だけ例外があった。

1967年（昭和42）～1972年（昭和47）にかけて53両導入された7200系のうち2両がアルミ製車体で製造されたのだ。すでに引退しているが、ここ20年ほどは黄色・赤・青の派手な装《よそお》いに身を包み、東急各線の架線や軌道の検測車《けんそくしゃ》として走っていたため、見覚えのある人もいるかもしれない。

歴代の東急電車のなかで唯一《ゆいいつ》のアルミ製だったこの車両は、グループの車両メーカーである東急車輛がアルミ製車体の試作として製造。アメリカのバッド社との技術提携によって製造していた当時のステンレス製車両と異なり、このアルミ製車体の工法は東急車輛が独自開発した。

車体の素材が異なる以外は、デザインや機器類、寸法など、ほかのステンレス製7200系とほぼ同様だったが、ステンレス車とくらべて車体のコルゲート（波状のひだ）が少なく、素材の違いから車体の輝きも異なり、同一のデザインながらち

よっと異彩《いさい》を放つ存在だった。

当初はほかのステンレス製7200系と一緒に編成され、田園都市線や東横線を走っていたアルミ車だったが、1980年(昭和55)には、こどもの国線の専用車に。ステンレス製の7200系には当初未設置だったクーラーの搭載《とうさい》も行なわれたが、アルミ車はクーラーなしのままで1989年(平成元)まで活躍を続けた。

その後は架線や軌道の検測、車両工場に入場する電車の牽引《けんいん》などを行なう「事業用車」に転身。2012年(平成24)2月まで東急線の守り神として走り続けた。

この車両が製造された当時は、軽量

晩年は事業用車としても活躍した「7200系アルミ車」(写真:ヤグチ)

化やメンテナンスの軽減を図れる次世代車としてステンレス車とアルミ車のどちらが優《すぐ》れているかが注目されていた時代で、すでに他の車両メーカーではアルミ製車両の製造が行なわれていた。

一般的には、軽量化の面ではアルミ製、経済性ではステンレス製が有利とされるが、現在ではステンレス車の軽量化が進んだいっぽう、アルミ製車両の製造コスト低減《ていげん》も進んでいるため、単純にどちらが優れているとは言いがたい。

東急はその後、アルミ車を導入せずステンレス車に統一したが、同時期にステンレス車とアルミ車を導入した営団地下鉄（現：東京メトロ）は、以後の新車はアルミ製に統一を図った。結局のところ、どちらを選ぶかは鉄道会社の経営判断によるわけだ。

●東急「電鉄」なのに、気動車が走っていた過去があった！●

東横線の渋谷—桜木町《さくらぎちょう》間が全線開業したのは1932年（昭和7）3月31日のこと。渋谷にターミナルを構える前には「ガラ空き」を宣伝文句にしたこともあった同線だが、沿線開発の推進や学校の誘致など、東京横浜電鉄（東横電鉄、東急電鉄の前身）総帥・五島慶太《ごとうけいた》の経営手腕により利用者は増え続け、昭和10年ごろには輸送

力の増強が課題となるまでに至っていた。

そこで東横電鉄は1936年（昭和11）、画期的な新型車両を一挙《いっきょ》に8両導入した。当時最新流行の「流線型《りゅうせん》」ボディが美しい「キハ1形」だ。ダークグリーンや茶色など地味な塗装の鉄道車両が多かった当時、クリーム色とコバルトブルーに塗り分けた新型車両は大きな注目を集めたという。

だが、鉄道の記号にちょっとでも馴染《なじ》みのある人なら、ここで「なぜ？」と思うはずだ。キハの「キ」は気動車、つまりエンジンを搭載して内燃《ないねん》動力で走る車両のことだからだ。現代で言えばディーゼルカーだが、当時はまだ鉄道車両向きのディーゼルエンジンが普及していなかったため、キハ1形はガソリンエンジンで動く「ガソリンカー」だった。

気動車といえば、一般的には電化されていない路線を走るもの。開業時から電化され、電車が走っていた東横線に気動車が導入された理由は何だったのだろうか。

その答えは、過大な設備投資を避けるためだ。電車を増発するためには、車両を増やすだけでなく変電所の増強など、インフラへの設備投資も必要になる。

だが、ガソリンで走る車両なら電化施設への投資はいらず、車両の増備《ぞうび》だけで増発が可能になる。東横電鉄は低コストでの輸送力アップを狙い、あえて気動車を導

入したのだ。

キハ1形が使われたのは急行列車。これは車体が流線型で速いから……ではなく、電車とくらべて加速性能や登坂《とうはん》性能に難があり、各駅停車には向かなかったからだ。急行でも電車で運転していたときより停車駅は削減され、多摩川園前（現・多摩川）と菊名《きくな》は通過となった。両駅付近には25パーミル（1000メートル進むさいに25メートル上る）の勾配《こうばい》があり、停車すると坂が上れなかったためのようだ。

そんな問題を抱えつつも活躍を始めたキハ1形だったが、運行を始めてわずか2年後の1938年（昭和13）には、さらなる難関に見舞われることになる。前年に勃発《ぼっぱつ》した日中戦争によって石油が統制物資となり、燃料のガソリンが入手困難になってしまったのだ。

低コストでの増発という当初のもくろみはここに崩れ去り、東横電鉄は導入からわずか3年で気動車を手放すことになった。

悲運のキハ1形は、神中《じんちゆう》鉄道（現在の相模《さがみ》鉄道）と五日市《いつかいち》鉄道（現在のJR五日市線）に売却。一部はさらに鹿島参宮《かしまさんぐう》鉄道（のちの鹿島鉄道、現在は廃止）に譲渡され、昭和50年代まで活躍を続けた。

車両自体は後年まで残った仲間もあったものの、気動車での増発という奇抜《きばつ》なア

イディアは、戦争へと突き進む時代に押しつぶされてしまったのだ。

●フロントガラスに貼られたⓀマークの意味は？●

東京メトロ半蔵門線、東武スカイツリーライン（伊勢崎線《いせさき》）・日光線と相互《そうご》直通運転を行なっている田園都市線。東京メトロや東武鉄道の車両が田園都市線に乗り入れてくるのはもちろん、東急の車両も、東武伊勢崎線の久喜《くき》駅や東武日光線の南栗《みなみくり》橋《はし》駅（ともに埼玉県久喜市）まで足を延《の》ばしている。

中央林間《ちゆうおうりんかん》から南栗橋までの距離は98・5キロメートルにも及び、これは東京メトロを介《かい》した直通運転のなかでは、元町《もとまち》・中華街—西武秩父《ちちぶ》間を走る座席指定列車「S-TRAIN」（119ページ参照）の約113・8キロに次いで長い。

そんな「長距離ランナー」の田園都市線車両だが、全車両が東武線に乗り入れできるわけではない。田園都市線を走る東急車両の前面を注意深く見ていると、たまにⓀのマークをフロントガラスの上部に貼った列車に出くわすことがある。

某コンビニチェーンを思わせるマークだが、これは「東武線乗り入れ非対応車両」を示す印《しるし》。この印が付いた車両は東武線に対応した機器類を搭載していないため、押上《おしあげ》から先に足を踏み入れることはできない。

田園都市線を走る東急の車両は8500系、8590系、2000系、5000系の4形式あるが、Ⓚマークが付いているのは8590系と2000系の全車と8500系の一部だ。

相互直通運転を行なうためには、信号関連など直通先の路線に対応した機器類を車両に搭載する必要があるほか、乗り入れ先の鉄道会社では乗務員の訓練も必要になる。乗り入れを行なう車種は極《きょく》力《りょく》統一したほうが好都合なため、これらの車両は除外されているわけだ。

現時点でⓀマークのついた車両があるのは田園都市線だけだが、じつは2015年（平成27）の一時期、田園都市線だけでなく東横線にもⓀの印を付けた車両

田園都市線を走る2000系。フロントガラスにⓀマークが貼られている

が登場した。

これは副都心線を通じて直通運転を行なう東武東上線のATC（自動列車制御装置）が更新されたさい、機器類がまだ対応していない車両に貼られたもので、現在は新型ATCへの対応によって消滅している。

●引退した「日比谷線直通用車両」の再就職先は？●

翌日から始まる東京メトロ副都心線との直通運転にともない、東横線が長年親しまれた高架の渋谷駅に別れを告げたのは2013年（平成25）3月15日の深夜。東横線の歴史において大きな節目《ふしめ》となったこの日だが、長年の歴史に幕を閉じたものがもう1つあった。東京メトロ日比谷《ひびや》線との直通運転だ。

東横線内を走る日比谷線車両が見られなくなったのはもちろんだが、東急の日比谷線直通用車両もこのときに東横線から姿を消した。

東急が日比谷線直通列車に使っていた車両は、1988年（昭和63）～1992年（平成4）にかけて製造された「1000系」。日比谷線の規格に合わせ、東横線のスタンダードである1両の長さが20メートルの4ドア車ではなく、長さ18メートルの3ドア車と、ひと回り小さいサイズが特徴だった。だが、それゆえに日比谷線

との直通運転がなくなると、他車とサイズの異なるこの車両は、東横線での役目を失ってしまったのだ。

では、お役御免《やくごめん》となった1000系はすべて廃車されてしまったのか……というと、そうではない。一部は廃車されたものの、錆びないステンレス製電車の寿命を考えれば、1980年代末生まれはまだまだ現役世代。姿を変え、いまも「転職先」で活躍を続けている。

1000系の転職先の1つは、池上線と東急多摩川線。両線にはもともと1000系の3両バージョンが走っているが、窓下にグリーン濃淡《のうたん》と金色のラインを巻き、戸袋《とぶくろ》部分に三日月マークを描《えが》いた車両が日比谷線直通からの「転職組」だ。

転用にあたっては単に編成を3両に縮《ちぢ》めただけではなく、制御機器類を最新仕様に更新。2014年（平成26）から1000系の「1500番台」として、装いも新たに活躍している。

東急線内だけでなく、地方の私鉄に移った車両もある。2017年（平成29）6月の時点では、福島県の福島交通、長野県の上田《うえだ》電鉄、三重県の伊賀《いが》鉄道、島根県の一畑《いちばた》電車で活躍中だ。

ローカル線では、1000系のようにやや小ぶりな18メートル・3ドアの車両は

東京メトロ日比谷線直通用車両「1000系」(写真:Nozomi／PIXTA)

池上線や東急多摩川線を走る「1000系1500番台」車両

使い勝手がよく、大手私鉄の中古車両が20メートル・4ドア車ばかりとなったいまとなっては「よい出物《でもの》」なのだ。

●混雑緩和のために導入された「6ドア車」が消えた事情●

全国有数の混雑路線として知られる田園都市線。朝ラッシュのピーク時、もっとも混み合う池尻大橋《いけじりおおはし》―渋谷間の混雑率は184パーセント（2015年度）に達する。

さらに、利用者であれば多くの人が実感しているのが「遅れ」だ。最混雑時間帯は1時間に29本もの列車が走っているが、乗り降りに時間がかかると遅延《ちえん》が発生してしまう。

これらの課題を少しでも解決しようと登場したのが「6ドア車」だ。ドア数が多ければ乗り降りにかかる時間が短縮でき、さらに座席を格納できる構造とすることで車内のスペースも広く取ることができる。

JRでは1990年（平成2）に山手線に導入され、その後横浜線や京浜東北線、総武線各駅停車、埼京線に広がっていたが、東急もラッシュの遅延・混雑対策の1つとして2005年（平成17）2月14日から田園都市線に導入を開始した。

田園都市線には8500系と8590系、2000系、5000系の4車種が走っているが、6ドア車を連結したのは5000系。座席は3人がけの折りたたみ式で、中央林間駅から東京メトロ半蔵門《はんぞうもん》線の半蔵門駅までは格納して運転し、その先では車掌がロックを解除して座席を引き出せるようになっていた。

当初の連結位置は5号車と8号車の2両だった。これは渋谷駅ホームでこの2両が停車する位置がハチ公前方面への出口に近く、とくに混雑しやすかったからだ。6ドア車を連結した編成は朝ラッシュ時の急行・準急に使用され、4ドア車とくらべて乗降時間は3秒ほど短縮できたという。

6ドア車はその後着々と導入が進み、2008年（平成20）には5000系の17本に6ドア車2両が組みこまれた。さらに2009年（平成21）からは4

短命に終わった5000系（2代目）の6扉車（写真：The RW place）

号車にも6ドア車の連結が始まり、10両編成のうち3両が6ドア車という編成が増えていった。JR山手線や埼京線でも6ドア車は1編成中2両であり、連結両数では田園都市線がトップだったのだ。

ときには「詰め込み用電車」と言われつつも混雑と遅延の緩和《かんわ》に貢献してきた6ドア車だったが、その活躍は意外と短かった。東急は2015年（平成27）1月、2020（のちに2019年度に変更）年を目標に田園都市線・東横線・大井町線の全駅にホームドアを設置すると発表。ドア位置が合わなくなってしまう6ドア車を通常の4ドア車に置き換えると表明したのだ。

新しい4ドア車への置き換えは翌2016年（平成28）1月から急ピッチで進み、わずか1年後の2017年（平成29）5月には、すべての6ドア車が姿を消すこととなった。

JRでも6ドア車の廃止が進んでおり、山手線や京浜東北線、埼京線、横浜線からはすでに姿を消したが、これらの路線では従来よりも車体幅が広く輸送力の高い車両が導入されたり、他路線の充実によって混雑率自体が緩和されたりしている。田園都市線も、さらなる混雑緩和策を進めてほしいところだ。

●世田谷線の「2色塗り分け」車両は、あの名車をオマージュ！●

10編成それぞれが違う色をまとい、沿線住民に親しまれている世田谷線の電車、300系。イエローやオレンジなど、各車両とも基本的には単色のカラーリングだが、1本だけグリーンとクリーム色のツートンカラーの電車がある。301編成だ。世田谷線には広告ラッピング車両もよく登場するが、この車両には広告は描かれておらず、よく見るとほかの車両にはある楕円形《だえんけい》の東急マークもない。ちょっとレトロな雰囲気もあるこのカラーリング、かつて玉川線（53ページ参照）を走っていた伝説的名車、デハ200形を模《も》したデザインなのだ。

デハ200形は1955年（昭和30）に登場した、当時の技術の粋《すい》を集めてつくられた画期的な電車。それまでの路面電車は、停留所から乗りこむさいに何段ものステップを上がらなければならないのがふつうだったが、この車両は新開発の台車を使用することで、路面から床までの高さが590ミリメートルという低床《ていしょう》構造を実現した。現在の300系と同様、車体と車体のあいだに台車がある「連接《れんせつ》構造」だったが、車体間の車輪が1軸のみだったのも大きな特徴だ。

ボディも航空機の設計技術を活用した超軽量構造の軽快なデザインで、近年注目

されているLRT（次世代型路面電車システム）を先取りしたような電車だった。

先進的な機構を詰めこんだだけあってメンテナンスには手間がかかり、故障なども少なくなかったというが、近代的な設備が人気を呼び、デハ200形は一躍《いちやく》玉川線の看板電車に。独特の丸みを帯びた下《しも》ぶくれのユニークな外観から「いもむし」や、某菓子メーカーのキャラクターの名を取って「ペコちゃん」などのあだ名で沿線住民に親しまれた。

だが、玉川線は首都高速道路の建設や国道246号の交通量急増、地下を走る新玉川線（現：田園都市線）への代替《だいたい》などを理由として、デハ200形登場からわずか14年後の1969年（昭和44）5月に廃止。路面を走る区間が存在しない三軒茶屋《さんげんぢゃや》―下高井戸《しもたかいど》間のみは世田谷線として存続することになったものの、デハ200形は複雑な機構やほかの車両とのドア位置の違いなどによる扱いにくさが災《わざわ》いし、世田谷線には残らず玉川線と運命を共にすることになってしまった。

300系のツートンカラーは、この名車の誕生50周年を記念して2005年（平成17）11月8日に登場。それまで濃いグリーン色（アルプスグリーン）だった301編成に、デハ200形をイメージしたカラーリングを施《ほどこ》した。

側面にはかつて東急の車両に描かれていた「T.K.K」のロゴが入り、前面下部

かつての名車と同じカラーが車体に施された300系301編成

沿線の子どもたちにも愛された玉川線デハ200形(写真:c6210／PIXTA)

にはデハ200形の排障器《はいしょうき》（線路上の障害物を取り除くための部品）を模したステッカーも貼り付けるなど凝《こ》ったデザイン。往年の利用者には懐かしいカラーリングで今日も世田谷線を走っている。

デハ200形は1編成が「電車とバスの博物館（149ページ参照）」で保存されているので、見比べてみるのも面白いかもしれない。

●車両番号が「0」から始まる車両がある理由とは？●

ちょっとでも電車に興味のある人なら、車体に描かれた車両番号は気になるところ。東急の場合は前面と側面の戸袋《とぶくろ》に記されているが、ちょっと不思議なナンバーの車両も存在する。田園都市線や大井町線を走る車両に見られる「07011」「0806」といった番号だ。頭が「0」ということは「0系」か？　と思ってしまうが、東急にそのような形式の車両は存在しない。

車両番号の千の位が「0」となっているのは、8500系のモーター付き中間車両である「デハ8700形」と「デハ8800形」。8500系なのに、なぜ千の位が「0」なのかといえば、車両が増えすぎて番号があふれてしまったためだ。

この2車種は1編成のうちに何両も連結されるため、それぞれが100両を超え

る大所帯となった。ここで困ったのが、「8799」や「8899」の次の車両をどうするかという点。100両目を「8800」や「8900」にしてしまうと、8800形や8900形と区別がつかなくなってしまうのだ。

同じような事例は東武鉄道でもあったが、東武の場合、たとえば8100形の101両目は「81101」といったように車両番号を5ケタにすることで対応した。だが、東急は車両の管理システム上、車両番号を4ケタで管理しているため、5ケタに増やすことは難しかった。

そこで考え出されたのが、千の位を0とし、百の位以下を連続した番号とすることで100両目以降を表すという方法。つまり「0701」は8700形の101両目なのだ。

●遭遇したらラッキー? 東急の「レア車両」たち●

全車両がステンレス車に統一され、画一化《かくいつ》・均一化《きんいつ》されたシステマティックな鉄道というイメージの東急各線。だが、なかには全線で1編成だけ、1両だけといったレアな車両が存在する。コアな鉄道ファンでなくても、少し注意していれば見分けられるレア車両をいくつか紹介しよう。

代表格は東急のスター車両ともいえる「Shibuya Hikarie（渋谷ヒカリエ）号」だ。その名のとおり、2012年（平成24）に渋谷駅前に開業した東急グループの商業施設「渋谷ヒカリエ」の開業1周年を記念して2013年（平成25）に誕生した車両で、東急全線で1編成だけのレアな存在。外観はビル群のシルエットを描いたイエローのラッピングをあしらっており、「東横線の黄色い電車」と言えば、見たことがある人も多いだろう。

座席は一般の車両より背もたれの高いハイバックシートとなっており、座り心地《ごこち》は良好。インテリアは1・3・8・10号車、2・4・6・9号車、5・7号車でそれぞれ異なるデザインを採用している。

面白いのは、10両編成のうち1か所だけ、手すりにハートマークが刻まれていること。見つけたら幸せになれそうなハートマーク、ヒカリエ号に乗ったらぜひ探してみたい。

東急の電車といえば銀色に赤ラインが多数を占《し》めるなか、田園都市線に1編成だけある青帯の車両もちょっと目立つ存在だ。これは同線の主力車両8500系のうちの1本（8637編成）で、ほかの車両では赤い前面のラインが青になっているほか、側面にも青いラインが入っている。

〝黄色い東横線〟こと「Shibuya Hikarie号」

青い帯をまとって田園都市線を走る8500系

この車両はかつて「東急ケーブルテレビジョン（現在のiTSCOM）」の広告電車「東急CATV号（のちに「iTSCOM号」）」として使われた車両。2002年（平成14）4月に広告電車ではなくなったが、そのままのカラーで現在も走り続けている。

田園都市線には水色濃淡の帯を巻いた車両もある。これは東急グループの伊豆急行の車両を模したカラーで、過去に観光PR列車「伊豆のなつ号」に使われた車両（8614編成）。このほか、池上線と東急多摩川線を走る黄色と青の「きになる電車」も注目だ。カラーリングはかつての旧型車をイメージしており、車内が木目調に統一され、吊《つ》り手も木でできているのが特徴。2016年（平成28）3月から走っている。

これらは「1編成のみ」の存在だが、本当に1両しかない車両もある。東横線を走る5050系の5576号車（サハ5576）だ。東急と車両メーカーの総合車両製作所が共同開発した次世代のステンレス車両「sustina（サスティナ）」の第1号車で、JR山手線の最新型車両、E235系などにも使われている新たなステンレス車製造技術を最初に採《と》り入れた車両だ。

見た目の特徴は、他の車両とくらべて極端に凹凸《おうとつ》の少ない外観。先頭車が「5876」か「5176」の8両編成を見かけたら、5号車に注目してみよう。

●東急の保存車両と「江ノ電」の意外な関係とは?●

２００2年(平成14)まで現役だった世田谷線の旧型車両。緑色の車体や木造ニス塗りの室内など、昔ながらの雰囲気で親しまれた車両を懐かしく思う人もいるだろう。世田谷線の宮の坂《みやさか》駅に隣接《りんせつ》した世田谷区立宮坂区民センターには、かつての記憶を思い起こさせる保存車両が展示されている。

だが、この車両、一見《いっけん》すれば世田谷線の旧型車両に見えるものの、かつて乗り慣れていた人が見ると、ちょっと違和感《いわかん》を覚えるかもしれない。車内の壁は木造のニス塗りではなくクリーム色にペイントされており、いまより低かったホームから乗車するためのステップもないからだ。

じつはこの車両、世田谷線を走ったことはほとんどない。かつて渋谷—二子玉川間を走った路面電車、玉川線の生き残りではあるものの、かたわらにある説明板にもあるとおり、この車両は江ノ島電鉄(江ノ電)の６００形６０1号なのだ。

１９６9年(昭和44)に玉川線が廃止となったさい、切り離されて残った世田谷線には、玉電《たまでん》の車両のうち70形・80形・１５０形の計22両が引き継がれた。

だが、80形のうち4両は世田谷線の運行方式である「連結2人のり」(2両編成で、

運転士と車掌が前後の車両それぞれのドア操作などを行なう）に対応した改造を行なわなかったこともあり、ほとんど使用されないまま翌1970年（昭和45）に江ノ電に譲渡された。そのうちの1両が、宮の坂に保存されている601号だ。

江ノ電に移籍して600形となった4両は、世田谷線よりも高いホームに合わせるためにステップを撤去するなど各種の改造を受け〝江ノ電スタイル〟となって活躍。1990年（平成2）までに4両全車が引退し、そのうちの601号が保存されることになった。

保存にあたっては緑とクリームの江ノ電カラーから、世田谷線旧型車両と

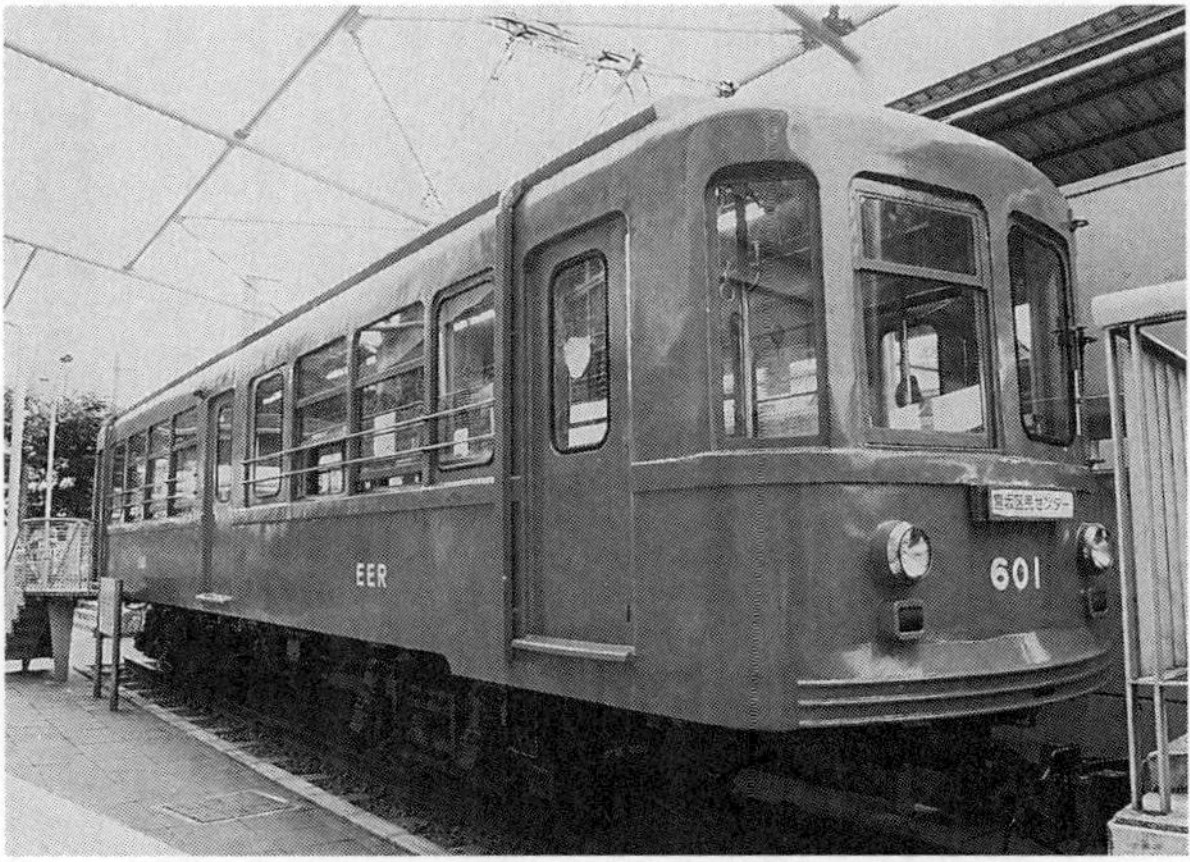

宮坂区民センター開館中は、車内に入ることもできる

同じ緑色1色に塗装を変更。同年7月から宮の坂駅前のシンボルとして展示されている。

玉川線や世田谷線の車両はほとんど保存されておらず、「電車とバスの博物館」にある200形を除けば、この601号のみ。世田谷線旧型車の仕様でないとはいえ、昔の面影《おもかげ》を感じることができる貴重な存在だ。

ちなみに、601号と同時に江ノ電に譲渡された同僚の651号も、電車をかたどった「江ノ電もなか」で知られる江ノ島の和菓子店「扇屋《おうぎや》」の店先に前面が保存されている。

●渋谷駅前にたたずむ〝青ガエル〟のプロフィールは?●

渋谷駅の待ち合わせ場所といえば「ハチ公前」が定番だが、そのすぐ近くにある緑色の電車を目印にする人も多いだろう。

丸っこい外観が特徴であるこの電車は、かつて東横線などを走っていた「5000系」の第1号車「5001号」。この車両、じつは、日本の鉄道の歴史にその名を刻む名車だ。

5000系は1954年(昭和29)、それまでの電車の概念を打ち破る新世代の

渋谷駅前に置かれた初代5000系車両

車両として誕生した。とくに画期的だったのはその車体構造だ。飛行機の機体構造として知られる「モノコック構造」を取り入れた車体は、従来の電車とくらべて車体を大型化したにもかかわらず、重量はモーター付き車両で約28・6トン、モーターなし車両で約20トンと従来車両の約3分の2に抑え、大幅な軽量化を実現。駆動《くどう》システムにも高速走行性能に優れ、振動や騒音も少ない新型の「直角カルダン駆動」を採用し、東横線の急行電車などで華々《はなばな》しく活躍した。

緑色で丸みを帯びた車体というその特徴から「青ガエル」の愛称で知られるが、地元では下ぶくれの車体から「おにぎり電車」と呼ばれることも多かったようだ。

5000系は1985年（昭和60）までに東急線から引退し、5001号は長野県の上田交通（現：上田電鉄）に再就職。1992年（平成4）まで使われたのち、故郷の東急に里帰りした。

その後、歴史的に貴重な車両として保存されていたが、転機が訪れたのは2006年（平成18）。渋谷区によるハチ公前広場の青少年育成活動拠点として、この車両を設置することになったのだ。

モニュメントとして設置するにあたり、18メートルあった車体は3分の2の長さにカットされ、台車なども取り外されて車体だけとなり、コンクリートの台座に置かれるかたちとなった。2013年（平成25）6月からは、渋谷区観光協会の観光案内所としての機能も果たしている。

何度か落書きなどの被害なども受けているが、いまのところ美しく保《たも》たれている5000系。渋谷の再開発が進むなか、これからも街のシンボルとしてその姿を大切に保っていってほしいものだ。

●「緑の電車」が「赤い電車」に変身したことがあるって?!●

全国各地で活躍する「東急OB」の車両たち。その譲渡先は、基本的には新車を

導入するほど財政的なゆとりのない地方の私鉄だ。

大手の鉄道会社なら新車の導入コストをまかなえるため、あえて他社の中古車を導入する理由はない。だが、その「例外」が1970年代に起きたことがある。東急の中古車両が、名古屋を拠点とする大手私鉄、名古屋鉄道（名鉄）に譲渡されたのだ。

名鉄は400キロメートル超の路線網を愛知・岐阜両県に張りめぐらす日本有数の大手私鉄。1970年代は、運転席を2階に上げて前面に展望席を設けた「パノラマカー」が主力として活躍していた鉄道だけに、新車を導入する費用がなかったわけではない。

そんな〝私鉄界の雄〟がなぜ、東急の中古車両導入に踏み切ったのかといえば、70年代初頭に発生したオイルショック以来、通勤をクルマから鉄道に切り替える人が続出し、混雑対策が緊急の課題となっていたためだ。

それまで名鉄は、マイカーへの対抗もあり「パノラマカー」に代表される、ゆったりとした2ドア・クロスシートの車両を通勤輸送でも主力としていた。だが、ラッシュの混雑が深刻化するなか、通勤用に特化した車両の導入を求める声が高まり、そのタイミングでまとまった数の余剰《よじょう》が発生していた東急の車両3700系に白羽《しらは》

の矢が立ったのだ。

３７００系は１９４８年（昭和23）に導入された3ドア・ロングシートのいわゆる通勤電車で、名鉄の目的に合致《がっち》していた。さらに、ほぼ同タイプの車両が名鉄にあったこともポイントとなった。３７００系は戦後の物資不足の時期、運輸省（当時）が定めた規格にのっとってつくられた車両で、デザインこそ違うものの、名鉄も同一規格の車両を導入していたのだ。

名鉄3880系電車（写真：青鯰）

譲渡は１９７５年（昭和50）と１９８０年（昭和55）の二度に分けて行なわれ、計21両が東急から名鉄に移籍。東急旧型車両のスタンダードだった緑色の塗装から名鉄カラーの赤に塗り替えられ、ラッシュ時の混雑緩和や遅延防止に絶大な効果を発揮した。
助っ人的な存在だっただけに活躍の期間は短く、１９８６年（昭和61）までに全車が引退したが、この車両が示した3ドア・ロングシート車両の輸送力の大きさはその後の名鉄

車両にも影響を与えたと言われる。現在、名鉄は3ドア・ロングシートの車両が主力だ。

4

驚きの創意工夫が次つぎと!

運行の謎学

たとえば…
S-TRAINの停車駅に
「自由が丘」が選ばれた理由は?

ライバル「JR湘南新宿ライン」に東急はどう対抗している？

２００１年（平成13）12月に運行を開始し、首都圏の鉄道に大きな変化をもたらしたJRの「湘南新宿ライン」。新宿や渋谷を経由して東海道本線と高崎線・宇都宮線を結ぶ新たなネットワークの誕生は、東急にとっては東横線の強力なライバル登場を意味した。

迎え撃つ東急の〝武器〟としてデビューしたのが東横線の特急だ。東横線に特急が登場したのは、湘南新宿ラインの運行開始に先立つ２００１年３月。停車駅の多さから、一部では〝隔駅停車《かくえきていしゃ》〟とも呼ばれていた急行に対して、特急は停車駅を自由が丘・武蔵小杉《むさしこすぎ》・菊名《きくな》のみに絞り、渋谷―横浜間の所要時間を最短27分に短縮した。

対する湘南新宿ラインは同年12月に運転を開始し、渋谷―横浜間を最短24分で結んだが、運転本数は日中１時間あたり１本と少なく、運賃も東横線より１００円以上高いとあって、まずは東横線が防御に成功したかたちとなった。

特急は好評で、２００３年（平成15）３月のダイヤ改正では中目黒《なかめぐろ》を停車駅に加えて地下鉄日比谷《ひびや》線との乗り換えを可能にするとともに、運行時間帯を平日朝ラッ

シュ時にも拡大。日吉《ひよし》を停車駅に加えた「通勤特急」の運転も開始した。
だが、ＪＲは２００４年（平成16）10月16日のダイヤ改正で、湘南新宿ラインの本数を一挙に1日64往復まで拡大し、日中は1時間あたり4本運転と大幅な増強を図った。

これに対して東急がとった対策は特急のブランディング強化。ＪＲダイヤ改正の5日前となる10月11日から、いまも親しまれる「東横特急」の愛称を使用開始し、「街と街の、どまんなかへ」のキャッチフレーズとともに大々的なＰＲキャンペーンを行なった。

その後、２０１０年（平成22）3月には、それまで東急の独壇場《どくだんじょう》だった武蔵小杉に、湘南新宿ラインが走るＪＲ横須賀線の新駅が開業し、さらに競争が活発化。２０１３年（平成25）3月には東横線と東京メトロ副都心《ふくとしん》線の直通運転が始まり、湘南新宿ラインとの競合区間は池袋方面にまで延《の》びた。

２０１６年（平成28）3月からは副都心線乗り入れ各線をもっとも速い種別として直通する列車に「Ｆライナー」の愛称が付けられ、その利便性をＰＲしている。

東横特急と湘南新宿ラインの利便性を比較してみると、運転本数は東横特急（通勤特急も含む）が平日下り62本、上り69本、湘南新宿ラインは上下各67本だが、東横

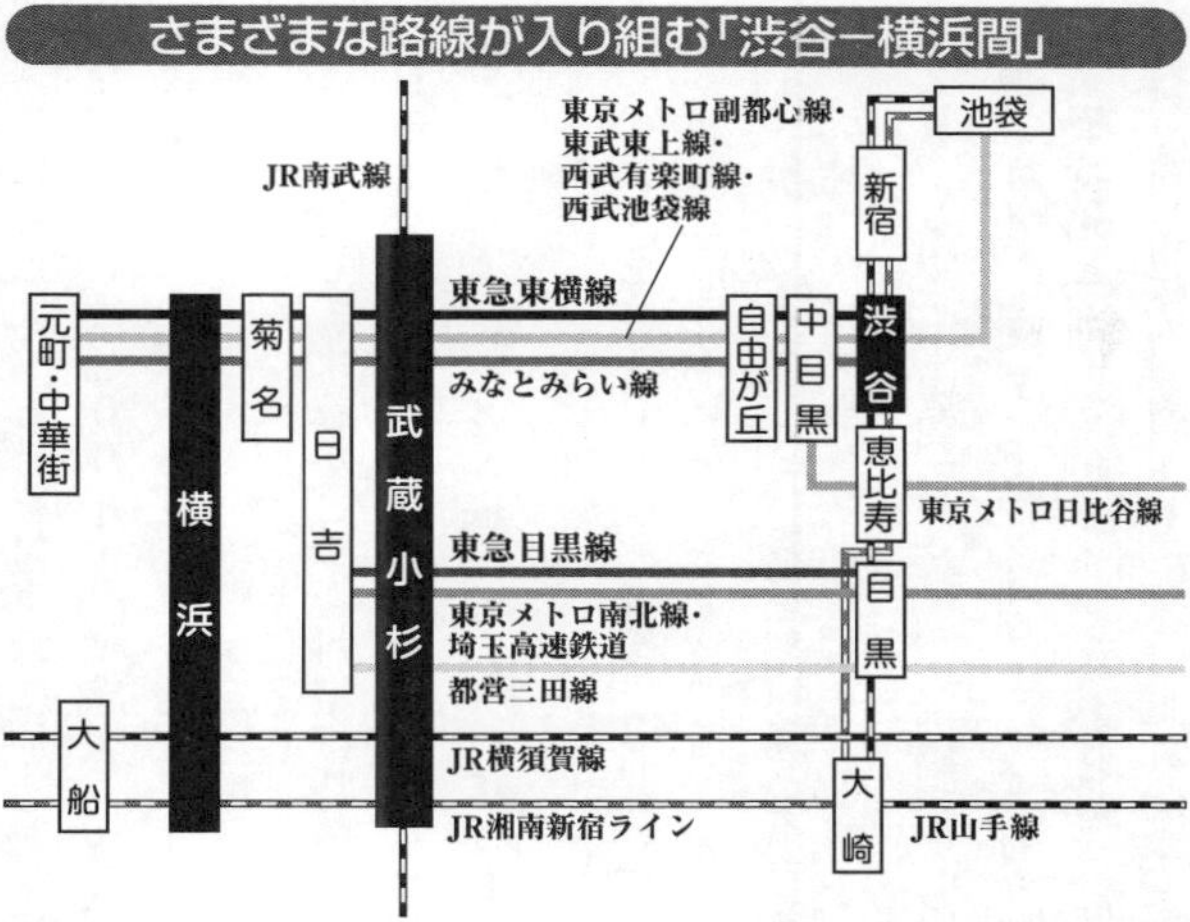

かつて東横特急と湘南新宿ラインは、渋谷駅の発車直後に交差していた

線はこのほかにも急行や各停が運転されており、特急だけに絞らなければ本数の面では東横線に軍配が上がる。
渋谷―横浜間の日中の所要時間は、東横特急が28分、湘南新宿ライン特別快速が25分でほぼ互角。大差が付くのは運賃で、東横線は渋谷―横浜間が270円なのに対し、JRは390円だ（ともにきっぷの場合）。

S-TRAINの停車駅に「自由が丘」が選ばれた理由とは？

ごく一部の車両にボックスシートがあるものの、基本的にはすべての車両がロングシートの通勤電車である東急。各線の路線延長が比較的短く、小田急電鉄や東武鉄道などのように沿線にリゾート的な観光地を抱えているわけでもないことから、「座席指定」の列車はこれまで存在しなかった。

その歴史を変えたのが、2017年（平成29）3月に東横線に登場した、東京メトロ副都心線・西武鉄道直通の「S-TRAIN」だ。

運転は土休日のみ（平日は西武鉄道の所沢駅から東京メトロ有楽町線の豊洲《とよす》駅まで運行）で、みなとみらい線・東横線内から西武線へは1日3本、西武線内から東横線・みなとみらい線へは2本とその本数は少ないものの、元町《もとまち》・中華街から所沢や飯《はん》

2017年春から運行を開始した「S-TRAIN」路線図

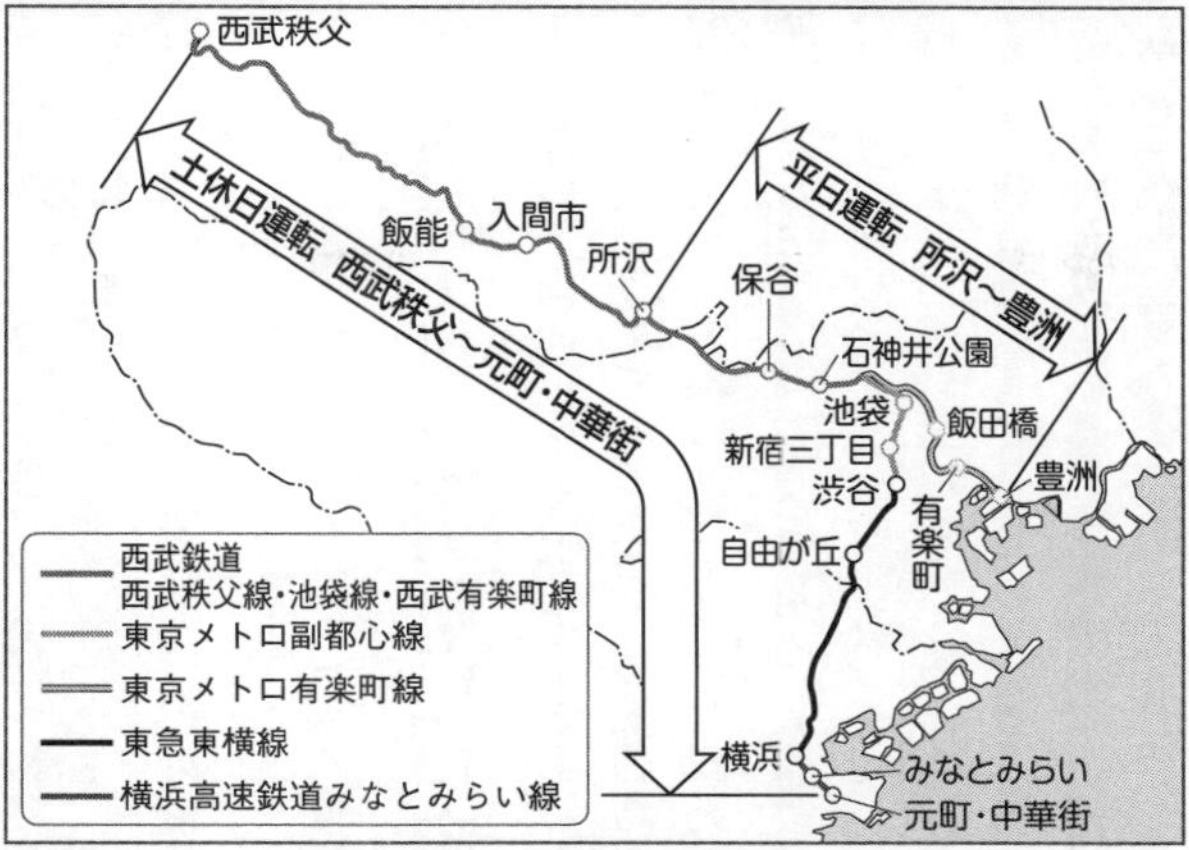

車両は西武鉄道40000系が使用されている（写真：HAYABUSA／PIXTA）

能《のう》、西武秩父まで、指定席でゆったり座っていくことが可能になった。

車両は、ロングシートとクロスシートの両方に変換できる座席を搭載した西武の新型電車４０００系を使用。車内ではコンセントやWi-Fiも使うことができる。

東横線内の停車駅は、渋谷、自由が丘、横浜の３駅。渋谷と横浜はともかく、途中の停車駅が自由が丘のみという点はちょっと意外だが、これは知名度が高く人気のスポットである同駅に停まることによって、西武線方面からの誘客《ゆうきゃく》を狙ったためという。指定券は東横線各駅の券売機と、渋谷、自由が丘、横浜のホームに設置された指定席券売機で購入可能だ。

西武の車両で運転される、東横線の看板列車「Ｓ-ＴＲＡＩＮ」。かつては箱根や伊豆の観光開発をめぐる勢力争いなど、私鉄界を二分するライバルだった西武との直通は、東急に新たな展開をもたらしたのだ。

田園都市線初の「特急」は、なぜ主要駅を通過したのか？

東急各線のうち、特急という種別が存在するのは、いまのところ東横線だけ。路線延長では同線を上回る田園都市線には、これまで急行より速い種別は開業以来存在しなかったが、２０１７年（平成29）７月、ついに特急が登場した。早朝の臨時

特急「時差Bizライナー」だ。

　この列車、ネーミングからもわかるとおり、通勤ラッシュ緩和《かんわ》に向けて東京都が推進している取り組み「時差Biz」のキャンペーンに合わせて運行された期間限定の列車。キャンペーンが開始された7月11日から21日までの平日8日間、中央林間《ちゅうおうりんかん》発押上《おしあげ》行きの上り1本のみ運転された。

　臨時とはいえ、田園都市線に特急が登場したこと自体が注目に値《あたい》する出来事だったが、さらに驚きを呼んだのは途中の停車駅。青葉台《あおばだい》やたまプラーザ、鷺沼《さぎぬま》、二子玉川《ふたこたまがわ》といった、これまで通過列車が存在したことのなかった主要駅を飛ばし、停車駅を長津田《ながつた》・あざみ野・溝《みぞ》の口《くち》の3駅に絞ったのだ。この3駅が選ばれたのは、他社線と

「時差Bizライナー」のヘッドマーク

接続する主要駅であるためだ。

列車は中央林間を朝6時4分に発車し、渋谷には6時42分、半蔵門《はんぞうもん》線内の各駅に停車し、終点の押上には7時15分着というダイヤだった。中央林間―渋谷間の所要時間は39分で、日中の準急とほぼ同じだが、朝の通勤時間帯としては速い。

ほかの鉄道各社とくらべて、東急の「時差Biz」への取り組みには力が入っていたが、これは何といっても田園都市線の混雑が激しいためだ。国土交通省の２０１５年（平成27）度データによると、もっとも混雑する区間である池尻大橋《いけじりおおはし》―渋谷間のピーク時混雑率は１８４パーセントと首都圏でも有数のレベル。

だが、ピーク時の運転本数はすでに1時間あたり29本に達しており、増発には限界がある。

そこで、混雑の面でも列車ダイヤの面でも余裕のある早朝へのシフトをうながし、少しでも混雑の緩和を図りたいという狙いがあるわけだ。

駅の時刻表には記されていない「レアな行き先」の列車とは？

五反田《ごたんだ》から蒲田《かまた》まで約10・9キロメートルを結ぶ池上線。３両編成の電車が走るのんびりムードの路線だが運転本数は多く、昼間でも6分に1本、平日の朝8時台

に五反田駅に到着する列車は23本。同じ時間帯に同駅を発着する山手線よりも多い。

同線を走る列車は、ほとんどが五反田―蒲田間の折り返し運転。一部に車庫のある雪《ゆき》が谷《や》大塚《おおつか》発着の列車があるものの、基本的には10・9キロの路線内をひたすら往復している……だけではない。駅の時刻表では残念ながらわからないものの、ちょっとした「レア行き先」の列車がある。「多摩川線直通」だ。

蒲田を共通のターミナルとする池上線と東急多摩川線の車両は共通運用で、池上線の雪が谷大塚駅に隣接《りんせつ》する雪が谷検車区に所属している。東急多

蒲田駅を発車すると池上線は「右」へ、東急多摩川線は「左」へと分かれる

摩川線に〝出勤〟する列車も池上線を蒲田まで走ったのち、同駅で折り返して東急多摩川線に入るわけだが、そのさいに走るのが「多摩川線直通」だ。

車庫から出発してその日の〝職場〟へ向かう列車という性格上、走るのは朝方が中心だが、夕方にも存在する。駅の時刻表には「蒲田行き」としか表示されていないが、両線を走るグリーンのラインの車両、1000系1500番台と7000系では「多摩川線直通」の行き先表示が見られる。もちろん逆パターンとして、東急多摩川線からの「池上線直通」も存在する。

短い2つの路線をひたすら往復しているように見える列車にも、いろいろな「シフト」があるわけだ。

東急の駅を東武の車両が占拠する時間帯がある！

相互《そうご》乗り入れによる地下鉄などとの直通運転に力を入れている東急。東京メトロに次いで接点が多いのが東武鉄道だ。

田園都市線は東京メトロ半蔵門線を介《かい》して東武スカイツリーライン（伊勢崎《いせさき》線）・日光線と、東横線は東京メトロ副都心線を介して東上線と相互直通運転を行なっているほか、現在は乗り入れを行なっていないものの、東横線の中目黒駅には東京メ

トロ日比谷線に直通する伊勢崎線の車両がやってくる。

ここで起こるのが、東武線内ではありえない東武車両同士の顔合わせだ。東上線と伊勢崎線は接点がなく、車両基地なども別々のため、両線の車両が運行中に顔を合わせることは基本的にない。

だが、中目黒駅では日比谷線直通列車としてやってきた東武車両と、東横線直通列車として走る東上線の車両がすれ違うことがある。とくに面白いのは、平日の19時47分から49分にかけての2分間。このあいだに中目黒駅を発着する列車は、すべて東武の車両なのだ。

まず19時47分、4番線に東武車両の和光市《わこうし》行き通勤特急が到着。隣の3番線には19時49分発の北千住《きたせんじゅ》行きの日比谷線が停車しているが、これも東武車両だ。さらに19時48分には、1番線に川越市《かわごえし》発の通勤特急元町・中華街行き、2番線にも東武車両による日比谷線電車が到着する。

全部のホームに一気に並ぶわけではないものの、東武線の車両に埋め尽くされた中目黒駅の様子はちょっと面白い。

「各駅に停まらない各駅停車」があるって、どういうこと？

各駅停車、略して「各停」といえば、文字どおりすべての駅に停まる列車のこと。だが、東急には「駅を通過する各駅停車」が存在する。

大井町線を走る2種類の各駅停車のうち、青で「各停」と表示している列車は全駅に停まるものの、緑色の各停は二子新地《ふたこしんち》・高津《たかつ》の2駅を通過してしまうのだ。初めて乗る人や不慣れな人は「各停なのになぜ？」と驚いてしまうに違いない。

だが、この「駅を通過する各駅停車」、けっして利用者にウソをついているわけではないし、「日本語の乱れ」でもない。「大井町線の駅」にはすべて停車しているからだ。

駅を通過する各駅停車が誕生したのは2009年（平成21）7月。田園都市線の二子玉川―溝の口間が複々線化され、それまで大井町―二子玉川間の運転だった大井町線が溝の口まで延伸《えんしん》されたときだ。

この複々線区間では、内側の2線を大井町線、外側の2線を田園都市線が走っている。緑色の各停が通過する二子新地、高津の2駅があるのはこの区間だが、ホームがあるのは外側の2線だけで、大井町線が走る内側の線路にはホームがない。大

二子玉川ー溝の口間の配線図

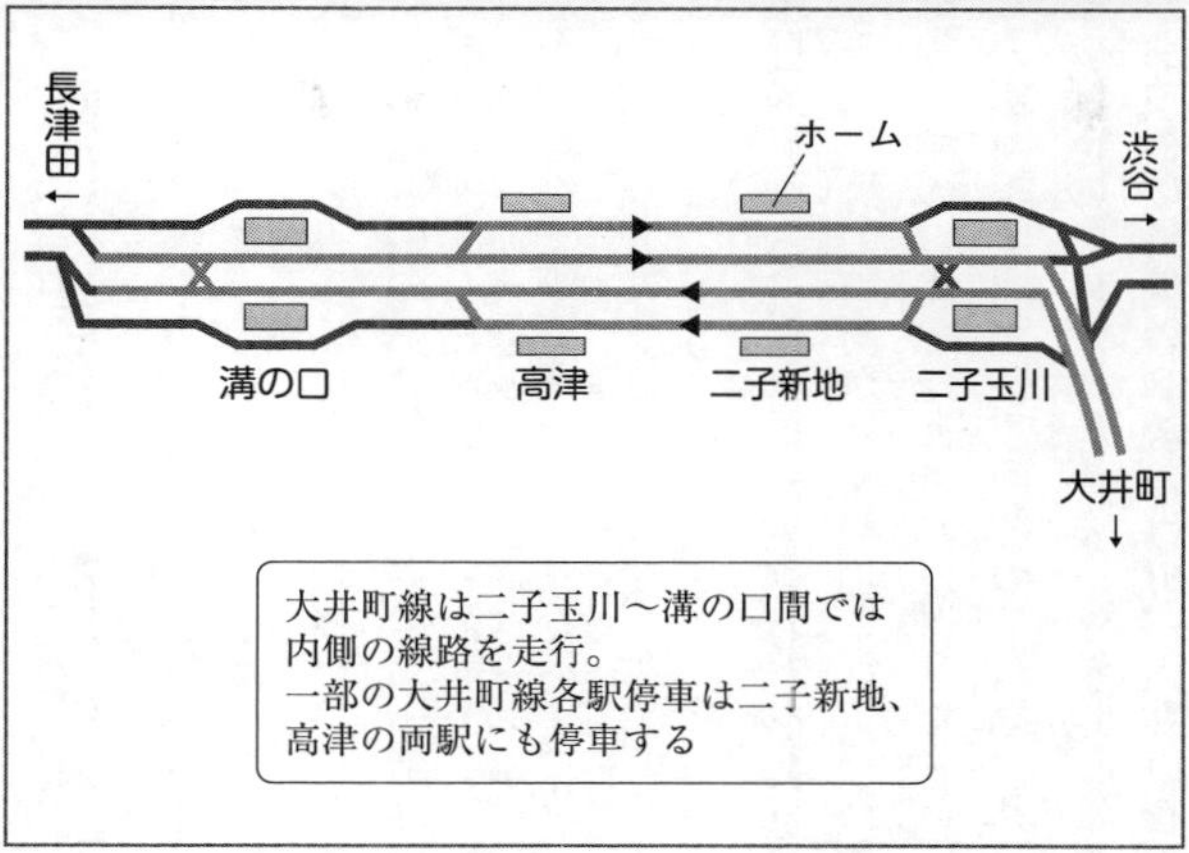

井町線の駅ナンバーでも、二子玉川が「OM15」、溝の口が「OM16」となっており、この2駅は飛ばされている。

これに対し、田園都市線では二子新地が「DT08」、高津が「DT09」と、この2駅にも駅ナンバーを付けている。

つまり、二子新地と高津の2駅はあくまで田園都市線の駅であり、大井町線の駅とは見なされていないのだ。どう見ても駅を通過しているように見える緑色の各停だが、この2駅は大井町線の駅ではないと考えれば、停まらなくてもおかしくはない。同じ区間を走ってはいるものの、複々線の内側を走る緑色の各停は「大井町線の列車」、外側を走り2駅に停まる青い各停は「田

園都市線に乗り入れている列車」といえるわけだ。

ただ、理屈は通っているとはいえ、慣れていないと間違えやすいのは事実。この2駅を利用する場合は「あ、各停だ！」とあわてて乗らないようにご注意を……。

「急行が停まらない駅」を終点とする急行もあった！

「各駅に停車しない各駅停車」が走る東急だが、かつては「急行が停まらない駅が始発・終点の急行」も存在した。

その「急行が停まらない駅」とは、東横線の元住吉《もとすみよし》駅。同駅は開業以来、現在に至るまで急行の停車駅となったことはないが、駅が高架化される前の2006年（平成18）9月までは、同駅始発・終着の列車に限って急行が元住吉駅に停車していた。同線を長く利用している人なら、かつて「急行・元住吉行き」があったことを覚えているのではないだろうか。

このような列車が存在した理由は、東横線の車両基地である元住吉検車区への出入庫を兼《か》ねていたためだ。

現在は高架駅の真下に広がっている元住吉検車区だが、かつて元住吉駅が地上駅だった時代は駅の横浜寄りに隣接しており、検車区を出た列車が同駅始発として、

逆に車庫入りする列車が同駅終着として数多く運転されていた。同駅始発・終着の急行が存在したのも、検車区への入出庫を兼ねていたためだ。

だが、2006年9月24日の駅高架化にともない、同駅と検車区は直接の行き来ができなくなったことから、元住吉始発・終着の列車はほぼ消滅。本来は停まらない駅が始発・終着のちょっと変わった急行も、このときに姿を消した。

現在、元住吉検車区に入庫する列車は隣の武蔵小杉駅から、出庫する列車は武蔵小杉・日吉駅から出入りするかたちとなっている。いまも東横線の初電と終電は元住吉駅発着だが、これは検車区には入らず、終電として到着した列車が駅で夜を明かし、翌朝の初電として運転されている。

5

こんな秘密があったとは!

設備の謎学

たとえば…
田園都市線にはないはずの踏切が
意外な場所にあった!

東急ブランドを支える「安全への地道な取り組み」とは?

日本初のオールステンレス車両や、関東の大手私鉄ではもっとも早かった自動改札機の導入など、先進的な技術を積極的に取り入れてきた東急。現在はホームドアの整備で大手私鉄他社をリードしているが、地味ながら全国の鉄道に先駆《さきが》けて行なっていた安全対策がある。「車両の輪重《りんじゅう》バランス管理」だ。

輪重バランスとは、車両の車輪それぞれにかかる重量バランスのこと。各車輪にかかる重さにはどうしてもある程度の差が生じるが、この差が大きいと軽い車輪が浮き上がりやすくなり、脱線にもつながりかねない。そこで重要なのが、輪重のばらつきを一定に抑えることだ。

東急では1986年(昭和61)3月、登場したばかりの最新型車両9000系の最後尾車両が、東横線横浜駅を発車直後に脱線する事故が起きた。幸いほとんどスピードが出ていなかったため、けが人はなかったが、東急はこの脱線の原因を徹底的に追究。

その結果、カーブから直線に移り変わる区間で車輪がレールに乗り上げる「乗り上がり脱線」であることが判明し、その要因として輪重のアンバランスがあること

がわかった。

そこで、東急では定期検査を終えた車両に対して全車両の輪重を測定し、各車輪の輪重の平均値に対する偏差《へんさ》が10パーセント以内になるように調整することにした。そのような測定を行なっている鉄道は当時ほかになかったというが、安全な走行に万全を期すため、手間のかかる検査を実施することにしたのだ。また、カーブの区間に設ける「脱線防止ガード」も、半径450メートル以下のカーブにはすべて取り付けることにした。全国でも、もっとも厳しい基準だ。

これがクローズアップされることになったのが、2000年（平成12）3月に起きた日比谷《ひびや》線の脱線事故だ。

中目黒《なかめぐろ》駅手前のカーブで最後尾車両が脱線し反対側を走る列車に衝突、5人が死亡する惨事《さんじ》となったこの事故は、調査の結果、さまざまな要因が複合して起きた「乗り上がり脱線」と結論づけられたが、脱線した車両の輪重に大きなばらつきがあったことも問題視された。

そこで対策として重要視されたのが脱線防止ガードの設置基準厳格化、そして東急が十数年前から行なっていた「輪重バランスの管理」だった。運輸省（当時）は同様の事故を防ぐための対策として、輪重比を偏差10パーセント以内に収めるよう

全国の鉄道会社に指示。現在では全国の鉄道各社がこの基準にもとづいて輪重比の管理を行なっている。

東急というと渋谷の開発やハイソなイメージで売る沿線住宅地など、派手な面に注目が集まりやすい。だが、こういった地道な取り組みが生んだ安全や安心が、そのブランドを支えてきたのも事実といえるだろう。

世田谷線名物「クルマ優先踏切」は、あの作家の提言で誕生!

鉄道の高架化や地下化で見る機会が減ったためか、最近は「踏切」が注目を集めることが多い。インターネット上や雑誌などでも変わった踏切を取り上げた記事を時たま目にすることがあるが、そのさいによく登場するのが、世田谷線と環七《かんなな》通りが交差する「若林《わかばやし》踏切」だ。

正式名称は「西太子堂《にしたいしどう》5号踏切」というこの踏切、ユニークなのは遮断機《しゃだんき》や警報機がなく、道路信号で制御される「自動車優先」の踏切であること。踏切といえば、列車が通過するさいに道路をふさぐのが一般的なかたちだが、ここでは列車は歩行者と同様、車道の信号が赤に変わったときに道路を渡るのだ。

全線が専用軌道を走る世田谷線にあって、「路面電車」のムードが感じられるこの

踏切が現在の方式となったのは1966年(昭和41)1月。それまでは列車優先の一般的な踏切だったが、モータリゼーションの進展にともない、全国でも珍しい自動車優先の方式に変わったのだ。

じつはこの方式、提唱したのは作家の曽野綾子《そのあやこ》さんだという。1965年(昭和40)12月17日付の朝日新聞に掲載された「電車とめる踏切 一月から新設、世田谷区の環状七号」という記事によると、曽野さんが同年10月10日付の同紙に寄稿《きこう》した記事がきっかけになったというのだ。

若林踏切を通過する世田谷線

曽野さんは「時代おくれのルール」として「今時珍しい一両こっきりのチンチン電車」が数百メートルにも及

ぶ渋滞を引き起こしていることを指摘。「ガラあきの電車一両に乗っている人間の数と、そのために待たされる自動車の中にいる人間や貨物の数量を比較調査すれば、どちらを優先すべきかは科学的に答えがでて来るでしょう」とまとめている。この提案が東京都や警視庁、そして東急の波紋《はもん》を呼び、結果的に実現することとなった——と、件《くだん》の記事は伝えている。

時はまさにクルマ社会到来のころ。渋谷—二子玉川間の路面を走っていた玉川線は自動車の通行を妨《さまた》げることから「たまでん」ならぬ「ジャマ電」と呼ばれるようになり、全国各地で路面電車の廃止が進み始めた時代だった。

いまでは世田谷線の名物ともなっている「若林踏切」には、こんなエピソードも隠れているのだ。

田園都市線にはないはずの踏切が、意外な場所にあった！

都心部は幹線道路の地下、郊外は高架や掘割《ほりわり》で丘陵《きゅうりょう》地帯を貫《つらぬ》いて走る田園都市線。その特徴のひとつは、踏切が1か所もないことだ。

東急電鉄全線にある踏切の数は171か所（こどもの国線を除く）で、これを単純に路線延長で割ると約1・7キロメートルに1か所踏切がある計算になるが、路線

延長31・5キロと東急でもっとも長い田園都市線には1つも存在しない。溝《みぞ》の口《くち》―長津田《ながつた》間の開業は1966年（昭和41）、長津田―中央林間《ちゅうおうりんかん》間の全通は1984年（昭和59）と比較的新しい路線だけに、当初から立体交差を基本として建設されたためだ。

かつては1か所だけ、JR横浜線と並走《へいそう》する長津田駅付近に「田奈《たな》1号踏切」が存在したが、道路の地下化にともなって1989年（平成元）11月4日に廃止された。

田園都市線〝唯一〟の踏切

だが、じつは田園都市線の列車が通過するさいに動く踏切がいまも1か所だけある。その場所は、高架駅である宮崎台《みやざきだい》駅の近く。高架線なら踏切の必要はもともとないはずだが、なぜそんな場所に踏切が存在するのだろうか？

その答えは「電車とバスの博物館」（149ページ参照）。同駅付近の高架下にある、東急電鉄の電車・バスについての展示や運転シミュレーターなどで親しまれる博物館だが、この入り口に踏切警報機と遮断機が設置されているのだ。

一見すると単なる展示物にも見えるこの踏切だが、体験型の展示を売りとする同博物館だけあって、開館時間中に付近を急行電車が通過するさいに作動。警報機が鳴り、遮断機が閉まると、頭上の高架を列車が走り抜けていく。

本当の意味での「踏切」ではないが、田園都市線沿線でも踏切警報機が鳴る音を聞く機会はあるわけだ。

東急唯一の「改札内踏切」が駅舎の建て替えで消える…

かつては全国で当たり前のように見られた、駅舎とホームのあいだやホーム同士を踏切で結んだ駅。東急でも池上線や、目黒《めぐろ》線と東急多摩川線に分割される前の目蒲《かま》線で多く見られたが、いまでは池上線の池上駅に残るのみとなった。

同駅は上下線のホームがそれぞれ別になった相対《そうたい》式のホーム配置で、駅舎は蒲田《かまた》方面行きホームに隣接しており、五反田《ごたんだ》方面行きホームとは踏切によって結ばれている。池上線では1998年（平成10）のワンマン運転開始にともない、上下線の

ホーム両方に改札口を設けるなどの方法で改札内踏切を廃止したが、池上駅では五反田方面行きホームに改札を新設できる空間がなく、唯一《ゆいいつ》このスタイルが残った。1日平均利用者数は3万5324人（2015年度）と、池上線の中間駅ではもっとも多い。

だが、東急最後の改札内踏切もついに姿を消す日がやってきた。東急電鉄は2017年（平成29）4月、池上駅を5階建ての駅ビルに改築すると発表。駅舎をビルの2階として構内踏切を廃止し、さらに改札口をもう1か所新設する計画で、2020年9月末の開業をめざし、2017年6月から工事に着手した。ビルは池上本《ほん》門《もん》寺《じ》の門前町らしいデザインになる予定で、街の新たなシンボルになることが期待されている。

見納めの日も近い池上駅の改札内踏切。昔ながらの池上線のムードを味わいたいなら、訪問はお早めに。

東急線内におけるホームドア設置の最新状況は？

近年、重要性がクローズアップされている「ホーム上の安全」。目の不自由な人にとってホームは「欄干《らんかん》のない橋」といわれ、他の利用者にとっても転落事故や列車

との接触事故のリスクは常にある。じっさい、列車の遅れなど「輸送障害」の8割は人との接触や人身事故だ。

そこで、東急が推進しているのがホームドアの整備だ。初めて設置した路線は目黒線。かつての目蒲線を分割して「目黒線」が誕生した2000年（平成12）8月6日から、多摩川・新丸子《しんまるこ》・武蔵小杉《むさしこすぎ》の目黒線ホームで使用を開始した。

当時は新交通システムや一部の新幹線駅を除けばホームドアはまだ普及しておらず、一般の鉄道で導入していたのは営団地下鉄（現：東京メトロ）南北《なんぼく》線のみ。大手私鉄としては初導入という快挙だった。

その後は目黒線全線に整備され、東横線などでも導入を推進。さらに2015年（平成27）1月には、2020年を目標に東横線・田園都市線・大井町線の全64駅にホームドアを設置する方針を発表した。

整備は急ピッチで進み、2017年（平成29）には、設置完了の目標を2019年度に前倒しすることを発表。田園都市線の各駅にホームドアを設置するうえでネックだった「6ドア車」が同年5月で全廃されたため（98ページ参照）、これから同線での設置が本格化する見込みだ。

私鉄でこれだけ大々的にホームドア設置を進めている鉄道会社は、大手私鉄扱い

となっている東京メトロ（じっさいには国と東京都が出資する特殊会社）を除けば現在のところほかに存在しない。安全性の向上と事故による遅れなどの防止へ、東急は大規模な投資をいとわず行なっているわけだ。

東急の車両基地は何か所ある？

全体で約1200両もの車両を保有している東急。車両の日常的なメンテナンスなどを行なう基地のことを、東急では「検車区」と呼ぶ。

検車区は全部で3つ。東急の路線では、東横線・目黒線の車両を担当する元住吉《もとすみよし》検車区、田園都市線・大井町線・こどもの国線を担当する長津田《ながつた》検車区、池上線・東急多摩川線・世田谷線を担当する雪が谷《ゆきがや》検車区だ。世田谷線は、じっさいに車両を停めておく基地は上町《かみまち》にあり「雪が谷検車区上町班」と呼ばれている。

意外に少ないように思えるかもしれないが、これはあくまで組織としての検車区のことで、このほかにも「車庫」は存在する。たとえば目黒線の奥沢《おくさわ》には同線の車両を留置しておくための車庫が存在するが、これは元住吉検車区の管轄《かんかつ》。田園都市線の鷺沼《さぎぬま》や梶が谷《かじや》、大井町線の自由が丘にも車両を停めるスペースがあり、こちらは長津田検車区の管轄だ。

このほか、東急線内にはなんと他社の車両基地も存在する。鷺沼駅の下り線ホーム側に広がっているのは、東京メトロの鷺沼車両基地。半蔵門線の車両を収容するとともに、同線と日比谷線車両の検査を担《にな》っている。

ここはもともと、東急が田園都市線の溝の口—長津田間を開業したさいにつくった「鷺沼検車区」だった。なぜ半蔵門線の基地になったかといえば、同線沿線には車両基地をつくれるスペースが確保できなかったためだ。そこで、乗り入れ先である東急が車両工場を長津田に移転し、その跡地を営団地下鉄（現在の東京メトロ）に譲渡。現在の姿になった。

鷺沼は両サイドを車両基地にはさまれ

元住吉検車区には他社の車両も留置されている

た駅だが、東京メトロの鷺沼車両基地は下り線側だけで、上り線側に広がっているのは東急の「長津田検車区鷺沼車庫」。駅を挟《はさ》んで両側で所有者が違っているわけだ。

みなとみらい線の車庫はどこにある?

横浜—元町《もとまち》・中華街間を結び、東横線と直通運転を行なっているみなとみらい線。路線の長さはわずか4・1キロメートル、駅数も横浜を含めて6駅の短い路線だが、ちゃんと自前の車両を保有している。東横線でもよく見かける、8両編成のメタリックブルーの車両Y500系だ。

車両を持っているということは、停めておくための車庫が必要だ。だが、みなとみらい線にそのような施設は見当たらない。都営地下鉄大江戸《おおえど》線など、地下鉄のなかには公園など広大な空間の地下に車庫を設けている例もあるため、ひょっとして山下公園の地下に車庫が……とも思ってしまうが、残念ながらそのような施設はない。

では、みなとみらい線の車庫はどこにあるのかというと、答えは元住吉。東横線の元住吉検車区がみなとみらい線車両の車庫なのだ。

みなとみらい線のＹ５００系は、カラーリングこそ違うものの基本的には東横線などで使用されている東急の車両、５０００系と共通設計（厳密に言えば田園都市線の車両をベースとしている）で、運用上も東急の車両と区別なく使われている。保有者こそ「横浜高速鉄道」だが、メンテナンスなどの管理を行なっているのは東急で、実質的には「色違いの東急の車両」といえる存在なのだ。

さらにいえば、みなとみらい線には専属の乗務員もおらず、乗務員も東急の運転士・車掌がそのまま直通している。２０１２年（平成24）４月までは、駅員も東急グループの「東急レールウ

みなとみらい線を走る横浜高速鉄道の「Y500系」

エイ」のスタッフだったが、現在は東急に委託《いたく》している横浜駅を除き、横浜高速鉄道の社員が駅の業務を行なっている。

ほぼ全列車が直通運転を行ない、ほとんど一体の路線に見えるみなとみらい線だが、じっさいに運営面でも一体化している部分がきわめて多いのだ。

首都高の大橋ジャンクションは、かつて電車の車庫だった！

田園都市線池尻大橋《いけじりおおはし》駅の近くにそびえる、巨大なループ状の建造物。高架道路の首都高速3号渋谷線と旧山手通りの地下を通る中央環状線を結ぶ「大橋ジャンクション」だ。一周約400メートル、4層構造で約70メートルの高低差をつなぐループは環境や騒音に配慮して全体が覆《おお》われ、屋上は目黒区の公園「目黒天空庭園」として緑地化されており、地域の新たな名所ともなっている。

このジャンクションのある場所、じつはかつて電車の車庫だった。首都高速3号線の工事の支障になるとして1969年（昭和44）5月で廃止された路面電車、玉川線の大橋車庫があった場所なのだ。

大橋は大山《おおやま》街道、つまり現在の国道246号が目黒川を渡る場所。大きな橋がかかっているかのような地名だが、この付近の目黒川は川幅も狭く、渋谷方面から下

ってくる「大坂」の下にある橋として名付けられたようだ。

大橋車庫は工場も併設しており、玉川線の前身である玉川電気鉄道が1907年（明治40）に開業して以来、廃線まで約60年にわたって同線の車両整備などを行なう「玉電の心臓部」だった場所だ。

玉電は電灯電力事業も手がけており（218ページ参照）、当初は車庫に併設して「大橋火力発電所」も開設。大正初期まではこの発電所から周囲に電力を供給していたという。

首都高速3号線の建設にともなって玉川線が廃止されたあとは、新玉川線（現在の田園都市線二子玉川―渋谷間）が

1969年当時の大橋車庫（写真：c6210／PIXTA）

開業するまで約8年間の代替《だいたい》交通を担《にな》うバスの基地として、東急バス（東急電鉄自動車部）の大橋営業所に姿を変えた。

新玉川線の開業後も世田谷区内や目黒方面などの路線を受け持つ重要な拠点として営業を続けた大橋営業所だったが、今度はこの場所が首都高速中央環状線にともなうジャンクションの候補地に。２００２年（平成14）９月をもって、約33年間続いた大橋営業所もその歴史に幕を閉じた。

首都高速３号線の建設にともなって玉川線が消え、今度は中央環状線の建設によってバスの営業所が廃止に……と、首都高に翻弄《ほんろう》された感のある大橋だが、それだけ交通の要衝《ようしょう》である証拠といえるかもしれない。

東急の廃線跡は、現在どうなっている？

近年、静かなブームとなっているという「廃線跡」めぐり。廃線跡というと地方のローカル線をイメージしてしまうが、都会の鉄道である東急にも地下化などで廃止された区間があり、その廃線跡めぐりを気軽に楽しめる場所がある。

その１つが「東横フラワー緑道《りょくどう》」だ。みなとみらい線との直通運転開始にともなって地下化され、２００４年（平成16）１月いっぱいで廃止となった東白楽《ひがしはくらく》―横浜間

の地上線を横浜市が整備した緑道で、長さは約1・4キロメートル。2011年（平成23）4月に最後まで残っていた「高島山《たかしまやま》トンネル」の部分がオープンし、全体を通して歩けるようになった。

ルートは国道1号をまたぐ陸橋あり、トンネルありと変化に富んでおり、道沿いに美しく整備された花壇が歩行者の目を楽しませている。

目玉ともいえる高島山トンネルは全長約170メートル。もともとは複線が通るトンネルだったが、歩道への転用のさいに補強を行なったため、やや小さくなっている。遊歩道としてはもちろんだが、反町《たんまち》駅周辺から横浜駅方

高島山トンネル。午前6時から午後9時半まで通行することができる

面へのショートカットルートとして、地元住民にも便利に活用されているようだ。横浜に遊びにいくさい、2駅手前の東白楽で降りて歩いてみるのも楽しいかもしれない。

このほか、1969年（昭和44）に玉川線と同時に廃止された砧《きぬた》線（二子玉川―砧《きぬた》本村《ほんむら》間）の跡も面白い。途中までの区間は遊歩道として整備されており、路上に駅の跡を示すタイルなどが埋めこまれているほか、そのほかの区間も一般道を歩けば全線をたどることができる。

同線は全線約2・2キロと短い路線だったため、歩いてたどってみるにはちょうど手ごろな廃線跡だ。

東急が運営する「電車とバスの博物館」の見どころは？

1980年代以降に東急沿線で子ども時代を過ごした人、とくに男の子なら何度も訪れたという人も多いであろう「電車とバスの博物館」。その名のとおり、東急の電車とバスについての展示を集めた身近な交通の博物館として「電バス」の呼び名で親しまれてきた。

「電バス」が開館したのは、東急の前身である目黒蒲田電鉄の創業から60年を迎え

った1982年（昭和57）4月。東急の創業60周年記念事業として、田園都市線の高《たか》津駅高架下に開設された。

首都圏で交通関連の博物館といえば、神田の「交通博物館」（現在は閉館）がほぼ唯《ゆい》一《いつ》だった当時、私鉄による博物館の開設は画期的な出来事として注目を集めたが、とくに話題となったのが電車の運転シミュレーター。実物の電車と同様の運転台機器を使い、実車さながらの運転体験ができる装置はまだきわめて珍しく、体験型の展示を中心とした博物館としても先駆《せんく》的な存在だった。

2003年（平成15）には高津駅の複々線化にともない、現在の宮崎台駅高架下に移転。さらに、2015年（平成27）9月から2016年（平成28）2月にかけてリニューアルを行ない、現在の姿となった。

目玉はなんといっても運転シミュレーター。東横線や大井町線を走った8090系電車の実物大運転席に座り、145インチの大型スクリーンに映し出される実車映像を見ながらの運転体験は大人気だ。小さな子ども向けとして、パソコン上で自由にデザインした列車を画面上で走らせることができる「キッズシミュレーター」もリニューアルのさいに設置された。

このほか、東急線の1日を鉄道模型と映像で表現した「パノラマシアター」や、

昭和40年代に使用された実物のバスの各部を操作できる「バスのしごと」など、豊富な体験型展示に加え、戦前の目蒲電鉄・東横電鉄の主力だった510形、かつて玉川線で活躍した名車200形の実物も保存されている。

入館料は大人200円、3歳〜中学生が100円。日ごろは子どもたちが主役の博物館だが、シミュレーターや鉄道模型の運転などをゆっくり楽しみたいという大人の鉄道ファン向けに、予約制で夜間に特別開放する「DENBUS TWINKLE NIGHT」もたびたび行なわれている。

子連れで遊びに行くたび、自分もシミュレーターをやってみたい……と思っているお父さんやお母さんは要チェックだ。

おなじみ「東急マーク」は、じつは赤色だけではない！

駅の入り口や電車の車体などに描かれた鉄道各社のマーク。いまではグループ全体の統一的なCI（コーポレート・アイデンティティ）の導入は珍しくないが、鉄道業界でその先駆《さきが》けといえるのが東急だ。

現在見られる楕円形《だえんけい》のシンボルマークは、創立50周年を記念して1973年（昭和48）5月に登場。東急の「T」を白抜きで図案化した楕円形で地球をあらわし、

さらに周りを取り巻く3本の弧を合わせてグループの4事業部門の拡大と発展を表現したというマークは、登場からすでに40年以上経《た》っているとは思えない、古《こ》さを感じさせないデザインだ。

マークの上部に「TOKYU CORPORATION」など英文社名を入れ、グループ各社の社紋として使われているこのマークだが、じつは事業分野によってちょっとした違いがある。

それは「色」だ。東急グループ全体と東急電鉄は、電車の車体にも描《えが》かれているとおり赤色。東急バスや伊豆急行などの交通事業とレジャー・サービス・ホテル事業はオレンジ、東急不動産に代表される不動産事業は緑、そして流通業は青、と4色に分かれているのだ。

このなかで、なかなか見る機会がないのが流通業の「青」。東急百貨店や東急ストアはそれぞれに独自のロゴマークがあるためだ。だが、たとえば駅売店の「toks」などを運営する東急ステーションリテールサービスの公式ウェブサイトなどでは「青い東急マーク」が使われているのを見ることができる。

6

東急ファンなら知っておきたい！

歴史の謎学

たとえば…
相互乗り入れを果たした
西武との「因縁」とは？

●略称は「東京急行」なのか？「東急電鉄」なのか？●

東急電鉄の正式な社名は？　と問われて答えられない人は、ひょっとしたら意外に多いかもしれない。

「急」は急行の略だろうと推測できても、たとえば小田急電鉄や阪急電鉄はそれが正式な社名だ。さらに、東急バスや東急不動産、東急百貨店など、グループ会社の社名では「東急」が正式名称になっている例も多い。

東急電鉄の正式な社名は、もちろん「東京急行電鉄」。現在の社名となったのは1942年（昭和17）5月で、それ以来「東急」の略で一般に親しまれてきた。1946年（昭和21）に買収したプロ野球球団の名前を「東急フライヤーズ」としたことからも、当時から「東急」の略称が浸透《しんとう》していたことがうかがえる。

だが、電鉄のオフィシャルな略称は最近まで「東急電鉄」ではなく「東京急行」だった。いまでは駅名とともに「東急電鉄」の文字が入っている駅入り口の看板も、かつては「東京急行」と書かれていたのを覚えている人もいるだろう。公式な略称として「東急電鉄」が使われるようになったのは2006年（平成18）から。駅入り口の看板などもこの時期から「東急電鉄」の表記に改められた。

ちなみに、英文社名はこれより前から「Tokyu Corporation」で、１９７３年（昭和48）に制定されたグループの統一マークでもこの表記が使われている。それ以前の英文社名は「Tokyo Electric Express Railway Ltd.」で、終戦直後の１９４５年（昭和20）９月８日に定められ、略称は「Tokyo Kyuko Kabusikigaisya」の頭文字である「T.K.K」だった。

この「T.K.K」の文字は車体に大書され、一時期の東急電車の象徴となったが、戦後の混乱期には、乗客から「あれは『とても混んで困る』の略だ」とも言われたという。

●東急電鉄のルーツは「不動産会社」だった！●

高度に鉄道網が発達した国として知られる日本。そのなかでも特徴的なのは、鉄道を中心に沿線住宅地の開発を手がけ、ターミナルには百貨店を開設……といった多角化によって企業グループを築《きず》いた大手私鉄の存在だろう。東急グループはまさにその好例だ。

このビジネスモデルを築いたのは阪急電鉄の創業者である小林一三《こばやしいちぞう》だ。東急グループの実質的な創業者である五島慶太《ごとうけいた》は、小林の推薦によって東急電鉄の前身、

目黒蒲田電鉄（目蒲《めかま》電鉄）の経営に参画《さんかく》したという経緯があり、自伝でも「実業家になって以来三十年間というもの、何でも彼に相談した」「終始一貫自分が智恵《ちえ》を借りて自分の決心を固めたものは小林一三だ」（『七十年の人生』）と述べ、小林の手法に多くを学んだことを示している。

だが、阪急と東急の出発点には大きな違いがある。阪急が「鉄道の乗客を確保するために住宅開発を進めた」のに対し、東急は「住宅地を購入した住民の交通手段として鉄道を敷設《ふせつ》した」のだ。つまり、東急は鉄道よりも不動産ディベロッパーとしての存在が先にあったのだ。

現在の東急のルーツとなっているのは、1918年（大正7）に設立された「田園都市株式会社」だ。田園都市（ガーデンシティ）とは19世紀末にイギリスで提唱された、農村と都会を折衷《せっちゅう》した自然豊かな職住近接形の街のことで、のちの世界の都市計画に大きな影響を与えたが、明治の著名な実業家・渋沢栄一《しぶさわえいいち》による呼びかけで誕生した田園都市会社は、これを日本型にアレンジしたまちづくりをめざした。

田園都市会社の開発予定地は、当時の東京の辺境地であった洗足《せんぞく》・大岡山《おおおかやま》・多摩川台（現：田園調布）だ。

当時、これらの地域はまだ交通網が通っておらず、都心へのアクセスを確保する

ために鉄道の建設を計画した。だが、同社の経営陣は都市開発にも鉄道事業にも素人ばかり。渋沢栄一が大株主だった第一生命社長の矢野恒太《やのつねた》に相談したところ、経営の指南役として招かれたのが阪急の小林一三だった。

小林は、名前は出さず報酬なし、月に一度役員会に出席するのみという条件で経営に対するアドバイスを行ない、実質的にさまざまな経営方針を決めていったが、実行力のある役員がいないことから事業はいっこうに進まなかった。そこで小林が目を付けたのが、元鉄道省（現在の国土交通省）の官僚で、計画中の新しい鉄道、武蔵電気鉄道（のちの東京横浜電鉄、東急のルーツの1つ）の常務取締役に就《つ》いていた五島慶太だった。

武蔵電気鉄道は景気の低迷を受けて計画が進んでおらず、小林は「田園都市とその鉄道を先にやって、成功したらそのお金で武蔵電鉄をやればいい」と五島を説得。この提案を受けた五島は1922年（大正11）9月、田園都市会社の鉄道部門を分離した目蒲電鉄の専務に就任した。

目蒲電鉄は翌1923年（大正12）3月に最初の区間である目黒―多摩川間（現在の目黒線にあたる）を開業。現在の東急多摩川線にあたる多摩川―蒲田間も同年9月1日の開業をめざしていた。だが同日の正午前に関東大震災が発生。完成した線路

は被災し、開業は11月に延《の》びることになってしまった。

未曾有《みぞう》の災害に見舞われ幸先《さいさき》の悪いスタートにも見えた目蒲電鉄と田園都市会社の宅地分譲《ぶんじょう》だったが、じつはこの震災がその後の発展を招く大きな要因となった。東京中心部がほぼ壊滅《かいめつ》状態となったのに対して被害が少なかったこの地域に、都心からの移住者が激増したのだ。

さらに、蔵前《くらまえ》（台東区）にあった校舎が壊滅的被害を受けた東京高等工業学校（現在の東京工業大学）に対し、田園都市会社が大岡山に保有していた土地と交換するかたちで新たな敷地を提供したところ、蔵前の土地が復興用の資材置き場として買収され、多額の売却益を得ることになった。

五島はこの資金で武蔵電気鉄道の株式の過半数を取得して東京横浜電鉄と社名を改め、ついに建設に着手。現在に至る東急グループの基礎を築き上げることになったのだ。

街と鉄道を一体で開発するという手法はその後、民間による不動産開発では最大級といわれる東急多摩田園都市と田園都市線に結実《けつじつ》することとなる。高級住宅地を沿線に抱えた路線というイメージが強い東急だが、その沿線は元からあったのでも、鉄道の開通により自然発生したのでもなく、まさに東急がみずからの手でつくりあ

げてきたものなのだ。

●東急の礎を築いた五島慶太の「剛腕」ぶりとは?●

目黒と多摩川を結ぶ短い路線から事業をスタートさせ、現在に至る東急グループの礎《いしずえ》を築いた五島慶太。開業は大正末期にもかかわらず、わずか十数年後には関東の私鉄界のトップに君臨するに至ったのは、五島が〝強盗慶太〟と評されるほど強力に推《お》し進めた買収・合併によって周辺各社を次々と傘下《さんか》に収めたのが大きな理由だった。

2000年代なかばに投資ファンドによる阪神電鉄株の大量取得が話題を呼んだが、戦前の私鉄界にはそれどころではないM&Aの嵐が吹き荒れていたのだ。

その手始めは、五島が率《ひき》いる目黒蒲田電鉄（目蒲電鉄）と事業エリアの重なる池上電気鉄道の買収だった。東急電鉄が編纂《へんさん》した『東京横浜電鉄沿革史』は、池上電鉄と目蒲電鉄について「種々の点から早晩《そうばん》統合せらるべき運命の下にあった」として、統合は「極めて平穏裡《へいおんり》に解決された」と述べている。

だが、じっさいには1933年（昭和8）7月、五島が池上電鉄のオーナーであった川崎財閥から全12万株のうち8万5000株を一夜にして買い取るというかた

ちでの買収だった。正式な合併は翌年10月となったが、この早業での買収は「乗っ取り」と表現された。

次いで五島は、東京横浜電鉄（東横電鉄）の拠点と同じ渋谷をターミナルとする玉川電気鉄道の買収にも取りかかる。「これは渋谷に百貨店を経営するに当って、玉川電鉄は是非《ぜひ》とも共同して経営すべきものと考えたから」（自伝『七十年の人生』）で、デパートの成功はきわめて重要だった。そのため、競合する「玉電ビル」の建設を計画していた玉川電鉄を手中《しゅちゅう》に収めたかったのだ。

これに対して玉川電鉄側は京王電気軌道（現在の京王電鉄の前身）との合併を模索《もさく》したものの、東横電鉄は玉川電鉄の大株主だった千代田生命、内国貯金銀行（現在のりそな銀行の前身の1つ）から大量の株譲渡を受け、発行済株式の過半数を取得。1936年（昭和11）10月に玉川電鉄も五島の軍門に下ることとなり、1938年（昭和13）4月には正式に東横電鉄に吸収合併された。

五島慶太（写真：国立国会図書館蔵）

五島は自伝のなかでこの時のことを「あたかも札束をもって白昼強盗を働くような仕事であるが、如何《いかん》とも致し方なかったのである」と述べており、みずから「強盗」の文句を用いている。

〝強盗慶太〟の名をさらに世間に知らしめたのは、日本初の地下鉄を建設した東京地下鉄道の経営権掌握《しようあく》だった。同社は「日本の地下鉄の父」と呼ばれる早川徳次《はやかわのりつぐ》が創業し、現在の銀座線の一部である浅草—新橋間を建設した会社だ。

いっぽう、1934年（昭和9）に設立され、五島が常務を務める東京高速鉄道は渋谷—新橋間の地下鉄建設を進め、両社は新橋で乗り入れを行なう協定を結んだ。

だが、東京地下鉄道が本来めざしていたのは品川方面だった。五島の動きを警戒した同社は京浜電気鉄道（現在の京急電鉄）、さらに日《ひ》ノ出町《でちよう》以遠を運行していた湘南電鉄と3社で1937年（昭和12）に「京浜地下鉄道」という会社を設立。東京地下鉄道から新橋—品川間の路線免許を引き継いで建設し、この路線が開業したあとに4社を合併、都心から三浦半島へとつながる一大縦貫《じゆうかん》鉄道を構築するという壮大な構想を立てたのである。

これを、渋谷直通を反故《ほご》にしようとする動きと見た五島は対決姿勢を強め、東京地下鉄道のもくろみを打ち砕くべく、すでにある程度株式を保有していた京浜電鉄

の買収を実行。1939年（昭和14）6月に五島は京浜電鉄の役員に就任し、さらに同年8月には東京地下鉄道の全株式の約3分の1を保有していた京王電気軌道社長の穴水熊雄《あなみずくまお》からこれを譲《ゆず》り受け、一気に筆頭株主に。東京地下鉄道の「4社合併」構想を逆手《さかて》に取り、東京高速鉄道を交えた5社での合併を持ちかけたのだ。

五島率いる東京高速と東京地下鉄道の対立はいよいよ激化し、ついには国による調停が行なわれる事態に。結果として「地下鉄の父」早川はみずから創業した会社を追われることになり、早川が同情を集めるいっぽう、五島は世間から叩《たた》かれるハメとなった。

容赦《ようしゃ》ない経営権の争奪戦や買収を行なうことで、その地位を築き上げた五島慶太。現在の鉄道業界では考えにくい、ちょっと前のIT業界を思わせるような派手な争いがくり広げられていたわけだが、個性的な経営者たちによる買収合戦は、当時の「電鉄業」が有望な先端業種であったことを示しているとも言えるだろう。

●東急が学校の誘致を積極的に行なった理由とは？●

阪急電鉄創業者の小林一三に経営の多くを学び、自伝のなかでも〝小林フォロワー〟であることを隠さなかった東急グループ総帥の五島慶太。東急百貨店について

も「全く小林の智恵により、阪急百貨店と同じようなものをつくった」と述べているほどだ。

だが、阪急との違いが大きく現れている部分がある。沿線への学校の誘致を大規模に行なったことだ。

沿線に学校を誘致するメリットはさまざまだが、一般的には通勤と逆方向の通学定期利用者を増やせる点、さらには文教地区《ぶんきょうちく》のイメージを定着させ、沿線のイメージアップを図れる点が挙《あ》げられる。五島は官僚になる前は教員を務めていたこともあり、教育に対する関心は高かった。

大規模な学校誘致のスタートは1924年（大正13）。前述したとおり、前年の関東大震災で壊滅的な被害を被《こうむ》った浅草区（現在の台東区）蔵前の東京高等工業学校（現在の東京工業大学）に対し、土地の交換というかたちで田園都市会社が大岡山に保有していた30万平方メートルの土地を提供したことに始まる。このとき田園都市会社は多額の利益を得ることができた。そして、これが東横線建設の資金となった。

学校の誘致を積極的に推進しはじめたのは東横線の開業後だ。1929年（昭和4）には慶應義塾大学に対して日吉台《ひよしだい》の土地23万7600平方メートル、時価に換算して72万円分をなんと無償で寄付。

さらに周辺の10万5600平方メートルの買収斡旋《あっせん》まで行なうという契約も結んだ。当時の鉄道運賃収入が年間51万円だったことを考えると驚くべき決断だが、慶大の移転が決まると土地の売れ行きは急速に伸び、地価は急上昇。結果として「大英断中の大英断とも言ふべきもの」（『東京横浜電鉄沿革史』）となった。

学校誘致や移転への斡旋はその後も続く。1930年（昭和5）には東京府立高等学校（現在の首都大学東京の前身）に対して6万9300平方メートルの土地買収を斡旋したのに次いで、翌1931年（昭和6）には日本医科大学予科（現在の日本医科大学）に新丸子《しんまるこ》の土地3万3000平方メートルを無償提供。1932年（昭和7）には青山師範学校（現在の東京学芸大学）の移転に便宜《べんぎ》を図ったほか、1935年（昭和10）には、法政大学予科（現在の法政大学第二中・高等学校）に元住吉《もとすみよし》付近の土地約3万3000平方メートルを寄付。さらに多摩帝国美術学校（現在の多摩美術大学）には上野毛《かみのげ》の土地を貸与《たいよ》……と、まさに枚挙《まいきょ》に暇《いとま》がないほどだ。

これだけ多くの土地を無償提供して、果たしてメリットがあったのかといえば「大あり」だった。

1930年（昭和5）下期に約550万人だった東横線の輸送人員は、わずか5年後の1935年（昭和10）同期には約1000万人へとほぼ倍増。通学利用者の

増加だけでなく、学校誘致によるイメージアップが沿線住宅地の人気を高めることに貢献したわけだ。

この時期、じつは東横電鉄・目蒲電鉄の経営は苦しかった。時はまさに昭和恐慌の不況時代、五島は当時について「ほとんど自殺を考えるほどの苦しさを経験せざるを得なかった」とまで記しているほどだ。

そんななかで取り組んだ学校誘致という積極策は、その後の東急沿線の発展に大いに寄与している。

●相互乗り入れを果たした西武との「因縁」とは?●

「東横線と西武の、東急電鉄と西武鉄道が相互《そうご》乗り入れをするというのは、『ミカドの肖像』『土地の神話』の著者としては、とても考えられない新しい世界が生まれてきているなと、こういうふうに思っていますよ」——。

2013年(平成25)3月15日の東京都知事定例記者会見。東京メトロ副都心線を介しての東横線と西武有楽町線・池袋線の相互直通運転について、当時の猪瀬《いのせ》直樹《なおき》東京都知事はこう語った。

ノンフィクション作品『ミカドの肖像』で西武グループ、『土地の神話』で田園都

市会社に始まる東急グループについて描《えが》いた猪瀬氏にとって、過去にさまざまな事業をめぐって激しい争いを展開した東急と西武が相互直通運転を開始したことは、まさに感慨《かんがい》深いものだったに違いない。

東急と西武は関東を代表する二大私鉄グループであることは周知の通り。いまでこそ協調路線に転じているものの、どちらも鉄道を基軸として不動産や百貨店、全国各地の観光業に至るまで幅広い事業を展開するなかで、長年にわたり激しい対決をくり広げてきた。

その争いは、東急の事実上の創業者である五島慶太と、西武グループ創業者の堤《つつみ》康次郎《やすじろう》という2人の男のライバル意識の表れでもあった。

東急グループと西武グループの対立が一気に表面化したのは、昭和20年代から40年代初頭にかけて世間を騒がせた箱根の観光事業をめぐる争い、通称「箱根山戦争」だ。

端緒《たんしょ》となったのは、東急・小田急系の箱根登山鉄道と、西武系の駿豆《すんず》鉄道（現在の伊豆箱根鉄道）によるバスの乗り入れ問題だ。駿豆鉄道が保有していた自動車道路への箱根登山バス乗り入れを「道路に遮断機《しゃだんき》を設置する」という方法によって実力で拒否したのだ。見かけ上は箱根登山鉄道と駿豆鉄道の争いだったが、当時独立し

たばかりの小田急は東急系の色彩《しきさい》が濃く、駿豆鉄道との争いは「東急vs西武」の代理戦争となった。

箱根の観光開発は、もともと西武系が先行していた。堤康次郎は1920年（大正9）に不動産ディベロッパーである「箱根土地」（のちのコクド、現在のプリンスホテルの前身）を設立、別荘地などの分譲を行なうとともに、芦《あし》ノ湖《こ》の遊覧船事業にも進出。さらには駿豆鉄道を買収し、同社の路線バスを運行する自動車道も建設していた。

いっぽう、戦後に「大東急」（38ページ参照）から独立した小田急グループは、傘下《さんか》の箱根登山鉄道を軸に観光開発を推進。戦後にはそれまで駿豆鉄道が独占していた芦ノ湖の遊覧船事業に参入を果たしたが、ここでの大型船導入が駿豆鉄道を刺激。それまで協定でしぶしぶ認めていた駿豆保有の道路への箱根登山バス乗り入れを拒否するに至った。

この争いは法廷に持ちこまれ、結果的に敗訴した小田急側は道路を使わずに観光客を運べるロープウェイを建設。いっぽう、駿豆の道路も神奈川県に買収され、紛争の火種が消えたことによって終息《しゅうそく》に向かった。この間、1959年（昭和34）に五島が死去、ほぼ争いが終結した1964年（昭和39）には堤も死去し、二大カリ

スマ鉄道王が消えたことも大きく影響した。

一応の平和を回復した東急vs西武の争いだったが、その後は渋谷の商業開発など、流通業をめぐるバトルを展開した。東急の牙城《がじょう》である渋谷には1968年（昭和43）に西武百貨店が開店。その後もパルコやロフトなど、当時西武系だった商業施設があいついでオープンし、東急百貨店や東急ハンズを擁《よう》する東急系との「縄張り争い」をくり広げた。だが、これも西武の流通業を担《にな》っていたセゾングループの解体により、いまや過去のものとなっている。

現在では東横線の看板列車ともいえる座席指定列車「S-TRAIN」が西武の車両と予約システムで運行されるなど、すっかり協調体制に移行した東急と西武。東横線と西武池袋線の相互直通運転開始によって、関東私鉄業界の〝昭和〟が終わりを告げたともいえるだろう。

●幻と消えた「東横線の新宿延伸計画」とは？●

長らくのあいだ、渋谷が名実《めいじつ》ともにターミナル（終着駅）だった東横線。2013年（平成25）3月に東京メトロ副都心《ふくとしん》線との直通運転が始まり、新宿や池袋へも乗り換えなしで行けるようになった東横線だが、じつは新宿への延伸《えんしん》計画は戦前に

も存在し、駅用地まで取得していた。

東横線の歴史は、１９０６年（明治39）に「帝都東京市」と「東洋屈指《くっし》ノ貿易港タル横浜市」を結ぶ電気鉄道として出願された武蔵電気鉄道に始まる。同社は渋谷―横浜間を結ぶ路線に加え、渋谷付近から新宿へ路線を延ばす構想も持っており、１９１２年（大正元）11月には荏原郡《えばらぐん》碑《ひ》衾《ぶすま》村大字《むらおおあざ》碑文谷《ひもんや》（現在の祐天寺《ゆうてんじ》付近）から国鉄新宿駅までの路線免許も取得した。

用地買収などの難航で期限までに着工できなかったため、１９１７年（大正６）に路線免許を一度失ったものの、武蔵電気鉄道は再度免許を取得。東京横浜電鉄（東横電鉄）に社名を改め、１９２７年（昭和２）に渋谷―神奈川（横浜駅付近にあった当初の横浜側ターミナル）間を開業したあとも、渋谷から新宿への延伸構想は持ち続けていた。

新宿駅付近の改造に向けた協議会の内容を報じる１９３２年（昭和７）10月の新聞記事（朝日新聞10月15日付）には小田急線新宿駅の西側に「東京横浜電鉄」の駅予定地が記されており、１９３４年（昭和９）４月には東横電鉄新宿駅を含む新宿駅付近の整備が正式に都市計画として決定された。当時の東京市が発行した「東京都市計画報告（昭和九年第一期）」によると、駅前広場の中央部地下に「未設の東京高

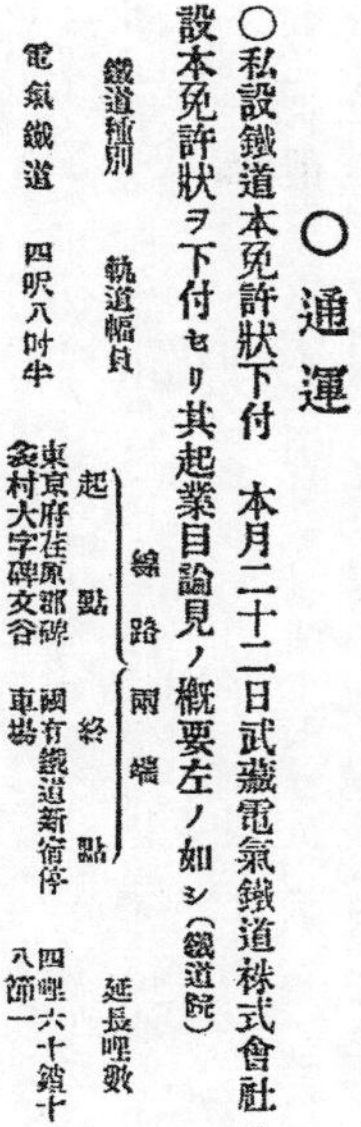

○通運

○私設鐵道本免許狀下付　本月二十二日武藏電氣鐵道株式會社ニ對シ鐵道敷設本免許狀ヲ下付セリ其起業目論見ノ概要左ノ如シ（鐵道院）

鐵道種別	軌道幅員	線路兩端 起點	線路兩端 終點	延長哩數	建設費
電氣鐵道	四呎八吋半	東京府荏原郡碑衾村大字碑文谷	國有鐵道新宿停車場	四哩六十鎖十八節一	金百五十万圓

本免許状下付が記された官報（1912年11月26日付）。左中央部分に「新宿停車場」の記述が見られる
（国立国会図書館蔵）

速地下鉄道、西部高速鉄道及東京横浜電鉄を一堂に会せしめ一大総合停車場を設置し」との表現が見られる。

結果的に東横電鉄の新宿延伸は実現に至らず、1936年（昭和11）9月21日をもって新宿への路線免許は廃止となったが、この「幻の新宿駅」用に確保された用地はいまも他路線の駅として使われている。京王線の新宿駅だ。

戦前、京王線は新宿付近では甲州《こうしゅう》街道上の路面を走っており、南口の陸橋を越えて新宿三丁目付近にターミナルを構えていた。だが、1945年（昭和20）5月の空襲で京王線の変電所が被災。電圧が下がり、電車が甲州街道の陸橋を上れなくなってしまった。そこで代わりのターミナルとして白羽《しらは》の矢が立ったのが、その手前

にあった東横線の新宿駅用地だったのだ。

新駅の建設は突貫《とつかん》工事で行なわれ、終戦を間近に控えた7月24日に京王線新宿駅は現在の位置に移転。当初はホームに屋根もなく、いかにも仮駅といった風情《ふぜい》だったというが、戦後も移転することなくそのまま定着し、1963年（昭和38）には同じ位置のまま地下化され、現在に至っている。

現在も新宿三丁目付近には、京王電鉄が所有する「京王新宿三丁目ビル」「京王新宿追分《おいわけ》ビル」が建っているが、戦前の京王新宿駅があったのはこのあたり。現在はその付近の地下を、東横線からの乗り入れ電車が走る東京メトロ副都心線が通っている。東横線が乗り入れを果たした「新宿」は、かつて駅用地を譲《ゆず》った京王線の昔のターミナル付近だったというわけだ。

●田園都市線は高速道路だったかもしれなかった?!●

東京西南部の多摩丘陵《きゅうりょう》に広がる、総面積約5000ヘクタールに及ぶ広大なニュータウン「東急多摩田園都市」。この地域の基幹《きかん》交通として、都市開発とともに建設されたのが田園都市線だ。

いまでは東横線と並ぶ東急の主力路線に位置づけられ、1日あたり120万人を

輸送する大動脈となっている同線。だが、じつは東急がこの地の開発構想に乗り出した当初、基幹交通として考えられていたのは「道路」だった。渋谷―江ノ島間を結ぶ有料高速道路「東急ターンパイク」を建設し、マイカーの通行はもちろん、高速バスによって通勤・通学輸送を行なうことをもくろんだのだ。

多摩田園都市の開発構想がじっさいにスタートしたのは昭和20年代末だが、『東京急行電鉄50年史』によると、東急の総帥五島慶太は、戦前からこの地域を開発するのが夢だったという。

昭和10年代初頭、五島は神経痛の療養のために当時住んでいた代官山《だいかんやま》からの転居を考え、郊外の土地探しに出かけるのが習慣となっていた。そのさい、二子玉川から西に広がる城西南地区を訪れた五島は「いずれこの地域に鉄道を建設して開発するのが夢だ」と話していたという。

だが、じっさいに示された開発計画では、交通の主軸は道路だった。1953年（昭和28）に発表された「城西南地区開発趣意書」では、東京駅を中心に40キロメートルの円を描いた場合、もっとも開発の遅れている地域は二子玉川から大山《おおやま》街道に沿って鶴間《つるま》、座間《ざま》、海老名《えびな》に至る地域であるとして、大山街道沿いに約1650万平方メートルの土地を買収して「第2の東京都をつくることを計画した」とその概

要を述べているが、交通機関については「鉄道の建設費は1キロメートルあたり1億円以上を要することから、さしあたって高速道路をつくり、飽和《ほうわ》状態になれば鉄道に変更することも可能である」として、まずは道路交通を主体とする方針を示したのだ。

同年、城西南地区の開発に向けた部署が発足《ほっそく》。ターンパイクは翌1954年（昭和29）に建設に向けた免許を申請した。当時の資料によると、ルートは渋谷から二子玉川、梶ヶ谷《かじがや》、保土ヶ谷《ほどがや》、大船、辻堂《つじどう》を経て江ノ島に至る約47・3キロメートルで、渋谷—二子玉川間は高架、その他は盛土を基本とした完全立体交差の片側2車線道路。

インターチェンジは11か所に設け、19のバス停を設置して各停と急行の2系統のバスを走らせ、通勤・通学輸送を行なう計画だった。最終的には江ノ島から先に延伸し、静岡までを結ぶ高速道路とする目標だったという。

だが、このターンパイク計画は、東急の免許申請後に発足した日本道路公団による第三京浜道路などとの競合があることから、なかなか認可されなかった。さらに沿線となる地域の住民からも道路より鉄道を求める声が高かった。

結局、東急が1956年（昭和31）7月に発表した城西南地区開発のマスタープ

ランでは、都心とを結ぶ交通機関として、ターンパイクとともに鉄道も敷設《ふせつ》する計画に変更。大井町線を延伸して溝の口から長津田に至る、現在の田園都市線にあたる鉄道の計画が盛りこまれた。さらに、東急社内でも道路交通の輸送力に対する懸《け》念《ねん》や、鉄道部門の成長が伸び悩んでいたことから起爆剤としての新線建設が求められるようになり、最終的にターンパイク計画は断念された。

現在、田園都市線沿線では、虹ヶ丘《にじがおか》（川崎市麻生《あさお》区）周辺から渋谷へと向かう東急バスの通勤高速バス「TOKYU E-liner」が走っているが、東急多摩田園都市の主要交通が田園都市線でなく「東急ターンパイク」だったら、地域の風景はまったく別の姿だったに違いない。

ちなみに、東急は渋谷―江ノ島間のほかに藤沢―小田原間の「湘南ターンパイク」、小田原―箱根峠間の「箱根ターンパイク」の建設も計画した。後者は実現しており、現在の「ＭＡＺＤＡターンパイク箱根」がそれだ。

●ステンレス車両も路面を走っていたことがあるって?!●

二《ふた》子玉川を出た田園都市線の下り列車は、多摩川にかかる橋を国道２４６号の二子橋《こばし》と並走《へいそう》しながら二子新地へと向かう。いまでは田園都市線と大井町線の列車が

複々線をひっきりなしに行《い》き交《か》うこの区間だが、なんとかつては国道246号と一緒に路上を走る単線区間だった。

二子玉川―溝の口間は、もともと玉川電気鉄道（玉電。のちの玉川線、現在の田園都市線渋谷―二子玉川間のルーツ）の「溝ノ口線」として1927年（昭和2）に開業した区間。玉電は路面電車だけに、道路と併用の橋を走るのはごく自然なかたちで、橋は費用の3割を玉電が負担して建設された。

玉川電鉄は1938年（昭和13）に東急の前身である東横電鉄に買収されたが、しばらくのあいだは従来どおり路面電車が走っていた。だが、世の中が戦争へと向かうなか、溝の口周辺に増えた軍需工場への足として溝ノ口線の重要性が増し、当局からも輸送力の増強が求められるようになった。

そこで浮上したのが、溝ノ口線に大井町線の列車を乗り入れさせることだ。このためには線路幅を玉電規格の1372ミリメートルから大井町線の1067ミリに変え、さらに橋にも補強を加える必要があった。

その工事は急ピッチで進行し、1943年（昭和18）4月に工事が認可されてからわずか3か月後の7月1日には、大井町線の列車が乗り入れを開始し、この区間は溝ノ口線から大井町線の一部へと変わった。こうして大井町線の大型電車が道路

と併用の橋をゴロゴロと走るようになった。

二子橋の上をクルマとともに電車が走る状態は戦後も続き、昭和30年代には東急が誇る最新鋭のステンレス車も二子橋の路上を自動車とともに走っていた。

だが、東京西南部で東急が開発を進める「東急多摩田園都市」の足として、溝の口から長津田《ながつた》、中央林間《ちゆうおうりんかん》方面へと至る新路線（田園都市線）が建設されることとなり、同線と接続して都心へのルートとなる二子橋の区間も抜本《ばつぽん》的な改良が必要となった。鉄道専用の橋を建設し、複線化することになったのだ。

工事が完成し、二子橋の国道246号から電車が姿を消したのは、田園都市線溝の口―長津田間の開業を翌月に控えた1966年（昭和41）3月18日。周囲にタワーマンションなどが建ち並ぶいまでは信じられないが、約50年前には同じ橋の上を電車と自動車が渡る光景が見られたのだ。

●渋谷の空を走っていた「空中電車」って、いったい何？●

大規模な再開発が進む渋谷駅周辺。駅の真上で建設が進む3つの高層ビルのうち、かつての東横線渋谷駅跡地に建つ高さ230メートルのビルには展望施設が設けられる予定で、新しい渋谷の名所となりそうだ。

そんな渋谷に、かつて同様に展望を売り物にした名物があった。いまでは想像もつかないが、昭和20年代後半の一時期だけ存在したロープウェイ「空中ケーブルカーひばり号」だ。7階建ての東横百貨店（のちの東急百貨店東横店東館）の屋上と4階建ての玉電ビル（現：東急百貨店東横店西館）の屋上を山手線をまたいで結び、1951年（昭和26）8月25日に開業した。

最近、海外では都市部の交通機関としてロープウェイが注目されているが、ひばり号は輸送手段ではなく純粋なアトラクションだった。

ゴンドラは子どものみ12人乗りで、車体はケーブルカーのように傾斜《けいしゃ》しており、

渋谷の空を彩った「空中電車ひばり号」（写真：毎日新聞社）

床は階段状だったという。総延長は75メートルで、東横百貨店側から出発して約5分で往復して戻ってくるというシンプルな乗り物だったが、まだ高い建物がほとんどなかった渋谷の街を一望できるとあって一躍《いちやく》大人気となる。乗り場には子どもたちの長蛇《ちょうだ》の列ができ、黄色と赤に塗り分けられた小さなゴンドラは渋谷の名物となった。

だが、人気を博したわりにはひばり号の存在を知る人はけっして多くないようだ。それもそのはず、1953年（昭和28）にひばり号は廃止に。わずか2年ほどで消えてしまったのだ。

人気アトラクションだったにもかかわらず短命に終わった理由は、玉電ビルの大規模増築工事だった。同ビルはもともと7階建ての計画で1937年（昭和12）に着工したが、戦時中の鉄鋼統制令を受けて途中でストップしたかたちとなっており、戦後になって工事の再開が可能になったためだ。

1954年（昭和29）に同ビルは当初計画よりも高い11階建てに生まれ変わり、子どもたちにひとときの夢を与えたひばり号は姿を消した。

それから約60年。ひばり号が通った渋谷駅の真上に建設中の高層ビルの展望施設は、21世紀の新しい渋谷の街に夢をもたらす存在になるだろうか。

●「伊豆急リゾート21」が東急線を走ったことがある！●

横浜と伊豆を結ぶ伊豆急・東急の観光列車「ザ・ロイヤルエクスプレス」（43ページ参照）。豪華な内装などで注目を集めるこの列車は、いまに至る観光列車ブームの先駆《さきが》けともいえる伊豆急行の展望電車「リゾート21」シリーズの5世代目として1993年（平成5）に誕生した「アルファ・リゾート21」を改造して生まれた。

リゾート21は、1985年（昭和60）に初代の車両が登場。運転席後ろの客席を階段状にして前方の景色が楽しめるようにした展望席や、海側の座席を窓に向けた配置とするなどの画期的なアイディアが盛りこまれ、観光客の話題となった車両だ。仕様を変えて計5本が導入され、いまも2本が伊豆急線で活躍している。

1章でも触《ふ》れたとおり、「ザ・ロイヤルエクスプレス」は横浜発着であるものの、東急線内には乗り入れない。だが、リゾート21はかつて東急線内を走ったことがある。

その1度めは1986年（昭和61）6月。田園都市線の開業20周年を記念し、伊豆急に引き渡される前の車両が、5日間にわたって長津田―渋谷間を走ったのだ。長津田―渋谷間といっても、一般の田園都市線の列車のようにこの区間を直通し

たわけではない。走ったのは、長津田―二子玉川園（現：二子玉川）間は田園都市線、二子玉川園―大岡山間（長津田発は大井町まで乗り入れたあと折り返し）は大井町線、大岡山―田園調布間は目蒲線、田園調布―渋谷間は東横線という複雑な経路。沿線への「お披露目《ひろめ》」はもちろんだが、車両が地下鉄に対応していないため二子玉川―渋谷間の地下線を走れないという事情もあった。

2度めは1988年（昭和63）4月。伊豆の今井浜に東急グループのリゾート施設が開業したのを記念して運転され、前回と同様に完成したばかりの車両が使われた。このときには前回走った区間に加え、東横線の桜木町《さくらぎちょう》まで足を伸ばしている。銀色のステンレス車ばかりが走る東急各線に突如現れたリゾート21。鉄道ファンが沿線に集まったのはもちろんだが、沿線利用者には白昼夢《はくちゅうむ》のように感じた人もいたかもしれない。

●独自の技術で数々の名車を生み出した東急車輛●

電車の車内を見渡すと、天井に近い連結面側の壁にその車両を製造したメーカーのプレートが貼ってある。東急の電車で圧倒的に目立つのは「東急車輛《しゃりょう》製造」。2012年（平成24）まで存在した東急グループの車両メーカーで、JR東日本傘下

の「総合車両製作所（J-TREC）」の前身だ。

日本で初めてのオールステンレス車両を製造するなど先進的な技術の採用に力を入れ、親会社の東急電鉄だけではなく、国鉄（ＪＲ）や全国の私鉄向け、さらには海外向け車両を多数手がけた東急車輛だが、その本社と工場は東急沿線ではなく京急線の沿線にあった。金沢八景《かなざわはっけい》―金沢文庫《かなざわぶんこ》間の線路沿いに広がる、現在の総合車両製作所横浜事業所だ。

東急グループの車両メーカーが本拠地を京急沿線に構えていたわけは、かつての「大東急」時代の歴史《しよう》が関係している。現在の総合車両製作所横浜事業所は、旧日本軍の第一海軍技術廠支廠だった場所。終戦直後の１９４６年（昭和21）、東急はここに工場を設け、戦時中の酷使で疲弊《ひへい》した大東急各線の車両の修繕を行なうことにした。これが東急車輛のルーツだ。

大東急は１９４８年（昭和23）に小田急・京急・京王の独立によって解体されたが、この工場も「東急横浜製作所」という東急グループの独立した車両メーカーとして再発足。１９５３年（昭和28）には東急車輛製造と社名を改め、新興勢力として事業の拡大を図っていった。

そのなかで同社が注目したのが、当時アメリカではすでに普及していたステンレ

ス車両だ。とくにアメリカ・バッド社との提携によって日本初のオールステンレス車両を製造したのは画期的な出来事であり、その後の日本の鉄道界に大きな影響を与えた（80ページ参照）。

現在、東急電鉄が保有している車両は、東急車輛か総合車両製作所のどちらかで製造されている。ＪＲグループの新会社になった現在も、東急と総合車両製作所のつながりは続いているのだ。

7

利用者に愛されたくて、いまも進化中！

駅の謎学

たとえば…
近くに「洗足」駅があるのに
「北千束」と名乗る駅があるのは？

地下駅ホームの壁面にある「乗客を迷わせない工夫」とは?

暗闇のトンネルを走る地下鉄の難点は、車窓《しゃそう》を見てもどこを走っているのか見当がつかないこと。駅も地上のように周囲の風景で見分けがつくことはない。車内で居眠りしてしまい、ふと目覚めた駅がどこだかわからず、そのまま乗り過ごしてしまった……という経験がある人も多いのではないだろうか。

そこで、新しく開業した地下鉄各線などは、駅のデザインをそれぞれ変えたり、テーマカラーを設けたりして、各駅の識別《しきべつ》ができるよう工夫を凝《こ》らしている。

その先駆けといえるのが、1977年(昭和52)に開業した田園都市線の地下区間(旧:新玉川線)だ。駅名標だけに頼らずに各駅を識別できるよう、営団地下鉄(現:東京メトロ)の仕様で設計された渋谷駅を除く地下の5駅にはシンボルカラーが設定された。

『新玉川線建設史』(東京急行電鉄株式会社発行)によると、各駅の色は、池尻大橋《いけじりおおはし》駅が「柿色」、三軒茶屋《さんげんぢゃや》駅が「レモン色」、駒沢大学《こまざわだいがく》駅が「若葉色」、桜新町《さくらしんまち》駅が「桜色」、用賀《ようが》駅が「水色」。

壁のタイルは有田焼で、地下空間の5駅をそれぞれ明確に異なる色とするには、

かなり鮮明《せんめい》な色が必要とされたため、市販品ではなく20色ほどを試作したうえで選定したという。駅構内の照明と合わせ、地下駅が暗い雰囲気にならないよう明度《めいど》にも一定の基準を設け、もっとも適した色が選ばれた。

さらに、駅ごとに色を変えるだけでなく、色によって改札口の方向がわかる仕掛けも施《ほどこ》されている。ホーム壁面のタイルはシンボルカラーと白の縦縞《たてじま》になっているが、じつは改札口への階段やエスカレーターに近づくほど、各駅のシンボルカラー部分が太くなっている。

改札口の案内サインだけでなく、シンボルカラーが太くなる方向へ歩いて

改札口に向かってシンボルカラー部分が太くなっていく

いけば改札口に近づくという、色彩《しきさい》による誘導を考えたデザインなのだ。

開業時に考えられた工夫は、いまも各駅のホームに生きている。終日混み合う田園都市線の地下区間だが、駅に降りたときにはタイルの色や配置に注目してみよう。

全国的にも希少な「新幹線が足元を走る」駅

大井町線の下神明《しもしんめい》、池上線の御嶽山《おんたけさん》、そして東急多摩川線の沼部《ぬまべ》。一見すると路線も場所もバラバラなこの3駅には、ある共通点がある。「東海道新幹線と交差する駅」であることだ。

厳密に言えば、この3駅のうち本当に「駅と新幹線が交差している」のは御嶽山駅だ。駅ホームの真下を東海道新幹線と、JR横須賀線や湘南新宿ラインが通る「品鶴《ひんかく》線（東海道本線の支線）」が通っており、のんびり走る3両編成の池上線の下を新幹線が突っ走る姿を見ることができる。

ほかの2駅は、新幹線が駅ホーム間近の線路上を通る駅。なかでも面白いのは下神明だ。同駅は高架駅で、二子玉川寄りの線路上を新幹線がまたぎ越しているが、その真下には品鶴線が通っている。JRの線路に上下を挟《はさ》まれた場所なのだ。

このほかに東急各線と新幹線が交差する地点としては、東横線の大倉山《おおくらやま》駅付近が

池上線「御嶽山駅」周辺MAP

挙《あ》げられるが、東海道新幹線の計画段階ではさらに多くの箇所《かしょ》で東横線と交差する可能性もあった。東海道新幹線は武蔵小杉《むさしこすぎ》駅付近で、半径550メートルというきわめて急なカーブにさしかかって減速するが、これを避けるために、よりカーブの緩やかなルートが検討されたのだ。

このルートでは、新幹線と東横線は武蔵小杉付近、日吉《ひよし》付近、さらに大倉山付近の3か所で交差する計画だった。さすがにこれでは建設に手間がかかりすぎるということで、現在のルートに落ち着いたという。

計4か所で東海道新幹線と交差しつつも、残念ながら直接乗り換えられる

駅はいまのところ存在しない東急線。だが、2章でも触《ふ》れたとおり、日吉から新横浜を経て相模鉄道（相鉄）の西谷《にしや》までを結ぶ連絡線の建設が進んでおり、近い将来新横浜まで直通できるようになれば、新幹線の利用もより便利になるだろう。

「踏切が閉まっていると出入りできない」駅がある！

駅舎とホームのあいだ、あるいはホーム同士を結ぶ「改札内踏切」は池上線池上駅に残るのみ（138ページ参照）となったが、東急線には「踏切を渡らないと駅舎に出入りできない」という駅も存在する。大井町線の等々力《とどろき》駅と九品仏《くほんぶつ》駅だ。

どちらも急行は停まらず、読み方の難しい難読駅名という点で共通しているが、駅の構造自体もなかなかユニークなのだ。

この2駅は、複線の線路のあいだに1つのホームがある、いわゆる「島式」のホーム配置。どちらも駅舎はホームの端《はし》、つまり線路に囲まれた場所にあるものの、線路の外側とを結ぶ地下道や跨線橋《こせんきょう》は存在しない。踏切を渡らないと駅と外部の行き来ができないのだ。

とくにユニークなのは九品仏駅。踏切を渡らないと駅に出入りできないだけでなく、駅に停車中の列車が堂々と踏切をふさいでしまうのだ。

このようなことが起きるのは、同駅のホームが両端を踏切に挟《はさ》まれているためだ。大井町線の各駅停車の列車は5両編成だが、同駅ではホームを4両分以上延《の》ばすことができない。どうしても1両はホームからはみ出して停車せざるを得ず、このさいに踏切をふさぐことになるわけだ。

ホームからはみ出すのは、上りも下りも溝《みぞ》の口《くち》寄りの先頭車。ホームがないため当然ながらドアも開かない。このような扱いは一般的に「ドアカット」と呼ばれ、2013年（平成25）2月までは大井町線の戸越公園《とごしこうえん》駅でも見ることができたが、現在は九品仏駅が東急で唯一《ゆいいつ》の存在だ。

大井町線九品仏駅で行なわれるドアカット

踏切を挟んでホームと反対側には小さなホームのようなものが存在するが、これは車掌がホーム上の安全確認を行なうための台。ホームの安全を確認するためのモニターも設置されており、最後尾の1両がホームからはみ出す大井町方面行きの列車で、車掌が使っているのを見ることができる。

九品仏駅は「セレブな街」として知られる自由が丘の隣駅。こんなところにちょっとローカルムードの駅があるのも、東急線の面白さだ。

自由が丘は「駅のほうが先に命名された」街だった!

都内でも屈指《くっし》の「おしゃれな街」として知られる自由が丘。緑の多い住宅街にカフェなどが並び、「亀屋万年堂《かめやまんねんどう》」やモンブランケーキの発祥の店として知られる「モンブラン」などの有名菓子店やケーキ店などが軒《のき》を連《つら》ねる「スイーツ激戦区」としても人気だ。

この街の玄関口となっているのが、東横線と大井町線が乗り入れる自由が丘駅。開業は東横線のほうが早く、1927年(昭和2)8月のことだった。当初の駅名は「九品仏」。駅の西側にある、9体の阿弥陀如来像《あみだにょらいぞう》を安置する浄真寺《じょうしんじ》の通称からとった駅名だった。

だが、1929年（昭和4）に大井町線が開業するさい、浄真寺により近い門前に駅ができることになり、こちらを「九品仏」駅とすることに。同名の駅が近くに2つあるとまぎらわしく、さらに大井町線と東横線はそれまでの九品仏駅で接続することにしていたため、駅名を変えることになった。

ここで地名を取って自由が丘に……と思いきや、じつは当時のこの地域の地名は自由が丘ではなく「荏原郡《えばらぐん》碑《ひ》衾町《ぶすままち》大字《おおあざ》衾《ふすま》字《あざ》谷《や》畑中《ばたなか》」だった。この地名から「衾《ふすま》」駅とする予定だったが、同時期に開校した「自由ヶ丘学園」から名前を取り、1929年（昭和4）10月に「自由ヶ丘」に改称した。駅名の由来は地名ではなく、学校の名前だったのだ。

駅名が自由ヶ丘に改められると、住民のあいだで本来の地名である「衾」よりも「自由ヶ丘駅前」のほうが好まれるようになり、しだいに地名の通称として定着。ついに1932年（昭和7）6月には「碑衾町大字自由ヶ丘」が正式な地名となり、さらに同年10月の区政移行によって「目黒区自由ヶ丘」となった。学校名をとった駅名が、そのまま地名として正式に採用されたわけだ。

自由ヶ丘が自由「が」丘となったのは、1965年（昭和40）の住居表示施行《しこう》のとき。翌年1月には駅名も改められ、現在に至っている。

近くに洗足駅があるのに「北千束」駅を名乗る謎

東急線には「せんぞく」と名の付く駅が3つある。目黒線の洗足、大井町線の北千束、そして池上線の洗足池だ。この3駅は洗足駅が目黒区、北千束駅と洗足池駅が大田区と、所在する区こそ異なるものの近接《きんせつ》した地域にある。

だが、ちょっとややこしいのはその地名との関係だ。洗足池駅は桜の名所として知られる洗足池公園の最寄《もよ》り駅だが、公園の所在地は「大田区南『千束』」。そのいっぽうで、洗足池公園から約1・5キロメートル離れた洗足駅の所在地は「目黒区洗足」。地元の人はともかく、初めて訪れる人なら頭が混乱してしまいそうだ。

なぜ「洗足」と「千束」の漢字が混在しているのか。簡単にいえば、洗足池駅は池の名前、北千束駅は地名、そして洗足駅は住宅地の名前からと、それぞれ命名の由来が別だからだ。

この一帯は、中世には「荏原郡千束郷」と呼ばれていた地域。池のほとりで日蓮《にちれん》上人《しょうにん》が足を洗ったとの伝承から、もともと千束池と呼ばれていた池は「洗足池」として知られるようになった。この池にちなんで命名されたのが池上線の洗足池駅だ。同駅が開業したのは1927年（昭和2）8月。経営が苦しかった池上電鉄は観光地

大井町線「北千東駅」周辺MAP

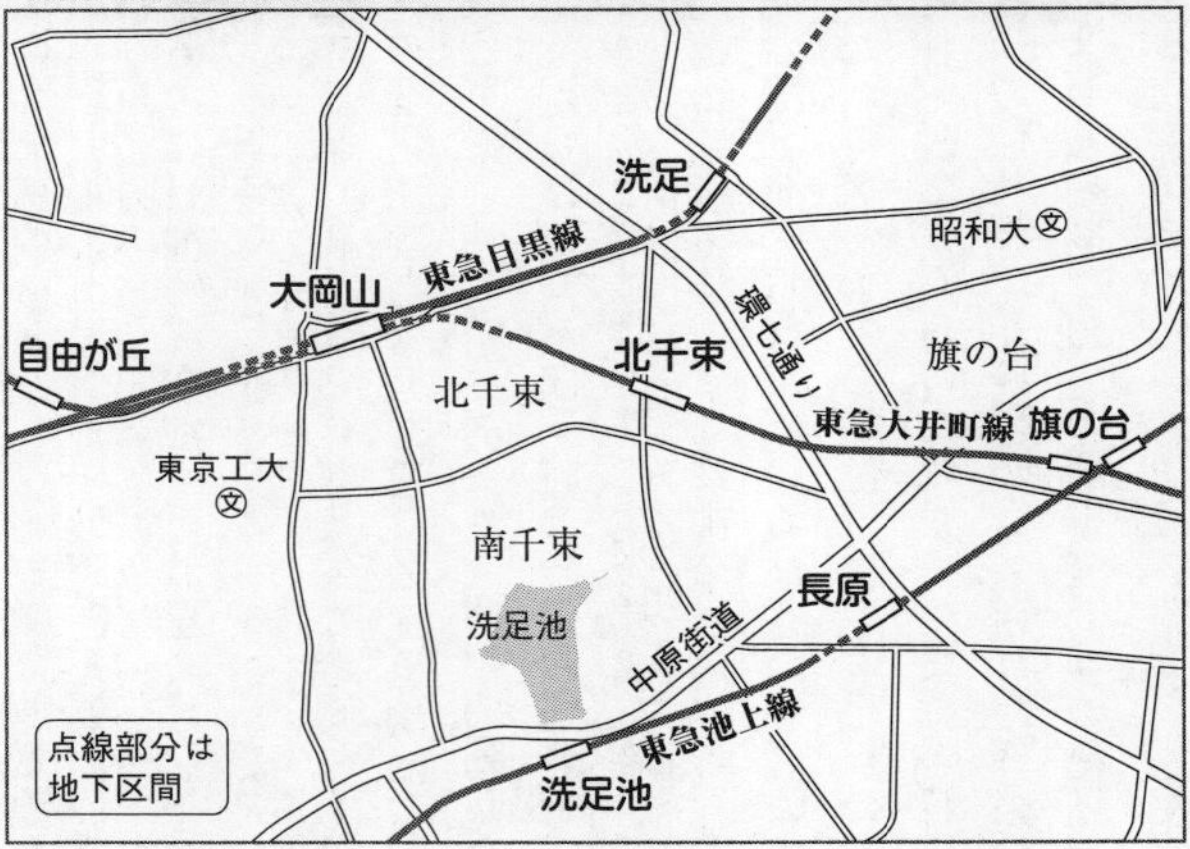

として洗足池に期待をかけており、池の整備やボートの運営などを手がけて誘客《ゆうきゃく》に励んだという。

池の名前は「洗足池」が浸透していったいっぽう、地名としては中世以来「千束」が受け継がれた。現在の大田区北千束・南千束一帯は、江戸時代には馬込《まごめ》村小字《こあざ》千束村に、そして1932年（昭和7）には「北千束町」「南千束町」に。ここにできたのが北千束駅だった。

目黒蒲田電鉄（目蒲電鉄）の手によって1928年（昭和3）に開業した同駅は、当初、洗足池のほとりに位置する千束八幡神社にある名馬の銅像から池《いけ》月《づき》駅と名付けられたが、ほどなく「洗

足公園」駅に改称した。ライバルである池上電鉄に対抗して観光誘客を狙ったためだが、洗足池のある公園まではやや遠くまぎらわしいこともあってか、1934年（昭和9）に目蒲電鉄が池上電鉄を合併したのちの1936年（昭和11）、地名をとった現在の駅名に落ち着いた。

この2駅が古くからの歴史的な経緯にもとづく地名に由来しているのに対し、目黒線の洗足駅はちょっと違う。洗足駅は、東急の前身である目黒蒲田電鉄（目蒲電鉄）が目黒―丸子《まるこ》（現在の沼部《ぬまべ》）間を開業した1923年（大正12）3月11日に開設。洗足池からは遠く、開業時の周辺の地名も「荏原郡碑衾村《ひぶすま》」だったこの駅が洗足を名乗ったのは、目蒲電鉄の親会社である田園都市会社が周辺で分譲《ぶんじょう》していた「洗足田園都市（洗足住宅地）」に由来している。同住宅地の名前は地域のランドマークとしての洗足池にちなんでいるようだが、いずれにせよ地名としては「洗足」ではなかった。町名としてこの付近に「洗足」の名がついたのは1932年で、これは駅名と住宅地名から付けられた。つまり「目黒区洗足」は駅名のほうが先なのだ。

3つの「せんぞく」駅が命名された理由は興味深いところだが、利用するとなるとちょっとややこしいのは事実。春の花見シーズンには、洗足池に行くため「洗足池」駅で降りるつもりの人が「洗足」駅で降りてしまうケースはじっさいにあるよ

うだ。待ち合わせなどで使うときは気をつけよう。

「たまプラーザ」は東急社長発案の駅名だった！

田園都市線沿線に広がる「東急多摩田園都市」の中核となっているのがたまプラーザ駅周辺だ。

2009年（平成21）にリニューアルが完成した駅は、社団法人鉄道建築協会による「最優秀協会賞」受賞作品で、東急グループの複合商業施設「たまプラーザテラス」と一体化した三層吹き抜けの広々とした空間が特徴。沿線きっての人気を誇る住宅街の玄関口らしく、駅周辺はいつも多くの人でにぎわっている。

駅が開業したのは、田園都市線の溝の口―長津田《ながつた》間開業と同時の1966年（昭和41）4月。計画段階ではかつての地名を取った「元石川」という駅名の予定だったが、当時の五島昇《ごとうのぼる》社長の発案により「たまプラーザ」という駅名がつけられた。

いまではすっかり定着しているが、じつはひらがなとカタカナのみの駅名は珍しく、大手私鉄でいうとこのほかには「とうきょうスカイツリー」（東武鉄道伊勢崎線）や「りんくうタウン」（南海電鉄空港線）がある程度だ。

「プラーザ」はスペイン語で「広場」を意味する言葉。この駅周辺を多摩田園都市

の中心とし、広場を中心とした街づくりをめざして命名された。駅所在地の地名は横浜市青葉区《あおばく》美《うつく》しが丘《おか》で、たまプラーザという地名は存在しない。「美しが丘」は、周辺が美しい丘陵《きゅうりょう》地帯だったことから名付けられたという。

1980年代に大ヒットしたTBSのテレビドラマ『金曜日の妻たちへ』などで知名度が急上昇して以来、閑静《かんせい》な高級住宅地のイメージが定着しているたまプラーザ駅周辺。

だが、田園都市線の開業当初はまだまだ山野《さんや》の面影《おもかげ》が残っていた。いまの立派な駅からはとても想像できないが、1970年代前半に増え始めた通勤利用者が困っていたことは、なんと「駅前にトイレがないこと」。当時の新聞報道によると、朝の時間帯に唯一開いていた青果商《せいかしょう》のトイレには通勤客の行列ができたといい、地域住民らはトイレの設置と、当時まだ4両編成だった電車の増結や増発など輸送力増強を求め、地域で署名活動を行なったという。

かつての渋谷駅は、東急のものではなかったって?!

いまでは東横線と田園都市線が一体となり、同じ改札内で乗り換えが可能となっている渋谷駅。だが、2013年（平成25）3月に東横線の駅が地下化されるまで

は、両者は乗り換えには一旦《いったん》改札を出る必要がある「別の駅」だった。さらに言えば、田園都市線の渋谷駅は半蔵門《はんぞうもん》線が開業してから約30年間は営団地下鉄（東京メトロ）が管理する駅で、駅員は営団職員だったのだ。

田園都市線の渋谷駅をよく見てみると、三軒茶屋など同線のほかの地下駅とはデザインがちょっと異なることに気づくだろう。池尻大橋―用賀間の各駅は駅それぞれに違うカラータイルによるデザインが施されているが、渋谷駅はこれらとは異なり、紫色のラインがトンネルの壁に入った半蔵門線スタイルの駅だ。渋谷―二子玉川間のうち同駅だけは営団地下鉄が設計を担当したためだ。

この駅が開業したのは「新玉川線」として現在の田園都市線・二子玉川《ふたこたまがわ》―渋谷間が開業した1977年（昭和52）4月。このときはまだ半蔵門線は開業していなかったため、東急が管理する駅としてスタートしたが、1978年（昭和53）8月に半蔵門線の渋谷―青山一丁目間が開業すると、駅は営団地下鉄の管理となった。そして、2004年（平成16）に、特殊法人改革の一環として営団地下鉄が株式会社化され東京メトロとなってからも、同社が管理する体制が続いた。

同駅がふたたび東急の管理に戻ったのは、東京メトロ副都心《ふくとしん》線の開業を翌年に控えた2007年（平成19）12月2日。副都心線と東横線の直通運転が始まれば、同

じ改札内で田園都市線と東横線の乗り換えが可能になるため、その点を踏まえて東急が一元管理を行なうための移管だった。

副都心線の駅は東横線が乗り入れを行なうより前、２００８年（平成20）６月の開業当初から東急が管理しており、２０１３年３月の東横線と副都心線の直通運転の開始によって、長年２つに分かれていた東急の渋谷駅はついに１つになったのである。

「百年に一度」の再開発が進む渋谷駅はこう変わる！

２０１２年（平成24）に「渋谷ヒカリエ」がオープンし、その翌年には東横線が東京メトロ副都心線との直通運転開始とともに地下化、さらに２０１５年（平成27）には西口で長く親しまれた「東急プラザ」が閉館し解体……と、東急グループの本拠地、渋谷の駅周辺はここ数年でめまぐるしく変化を遂《と》げている。

「地下が迷宮のようになった」とわかりにくさを訴える声も多いが、いまはまだ工事の真っ最中。２０２７年度を目標に進む再開発工事がすべて完成すれば、東横線地下化以前からけっしてよいとはいえなかった乗り換えの利便性はだいぶ向上しそうだ。

大変貌するのが東京メトロ銀座線の渋谷駅。現在の駅は、五島慶太率《ごとうけいたひき》いる東京高速鉄道によって1938年（昭和13）に開業したときから基本的に変わっておらず、乗り換えのさいの導線の複雑さやバリアフリーの点で課題が多い。

そこで、ホームを約130メートル表参道寄りに移設して明治通りをまたぐかたちとし、降車・乗車が分かれた現状の相対《そうたい》式から島式に変更。ホームから段差なしでJR改札へ乗り継げる構造となるほか、ヒカリエ側にも改札口を新設する。ホームの移設は2019年度までに完了し、駅全体の整備が終わるのは2021年度の予定だ。

JR線の駅も大きく変化する。現在は遠く離れている埼京線のホームを、2020年春を目標に山手線と並ぶ位置に移設。山手線のホームも、内回り・外回りが分かれた現状のかたちから広い島式に変わる。さらに、高架下の1階には幅約20メートルの東西自由通路を2か所整備し、東西の行き来も楽になる。全体の完成は2027年度の予定だ。

銀座線とJRの乗り換えはだいぶ便利になりそうだが、これだけだと地下にもぐった東急各線との乗り継ぎはやっぱり面倒なのでは……と思えてしまう。だが、東横線・田園都市線から各線への乗り継ぎも現在よりは改善される見込みだ。

東口の地下2階には、東横線・田園都市線の駅とJR線の駅をつなぐ「東口地下広場」が2020年度を目標に整備中。広さ1600平方メートルの地下空間には地上のJR改札とを結ぶエスカレーターが5基整備され、現在は約3分半かかっている東横線改札からJR改札までの移動時間が約2分に短縮される予定だ。

この地下広場の特徴は、なんと上を川が通っていること。地下1階部分に渋谷川の流路《りゅうろ》が設けられ、広場はその下をくぐるかたちで建設されている。さらに、広場の下にはゲリラ豪雨などに対応するため、最大4000トンの水を貯留《ちょりゅう》できる巨大な雨水貯留槽を設置。谷底にある渋谷駅周辺を冠水《かんすい》から守る施設となる。

駅施設の改良とともに、ランドマークとなるビルの建設も進んでいる。渋谷駅に建つ予定の3つの高層ビルのうち、かつての東横線渋谷駅跡地につくられる、地上47階・高さ約230メートルの「東棟」は2019年度に完成予定。最上部には屋外と屋内に展望施設が設けられる予定だ。

見慣れた風景が次々に塗り替えられていく現在の渋谷駅周辺。工事によって通路などが複雑に変化し、迷宮のような状態がしばらくは続きそうだが、「100年に一度の再開発」といわれる変化の様子に注目してみると、新しい発見があるかもしれない。

渋谷駅周辺の再開発MAP

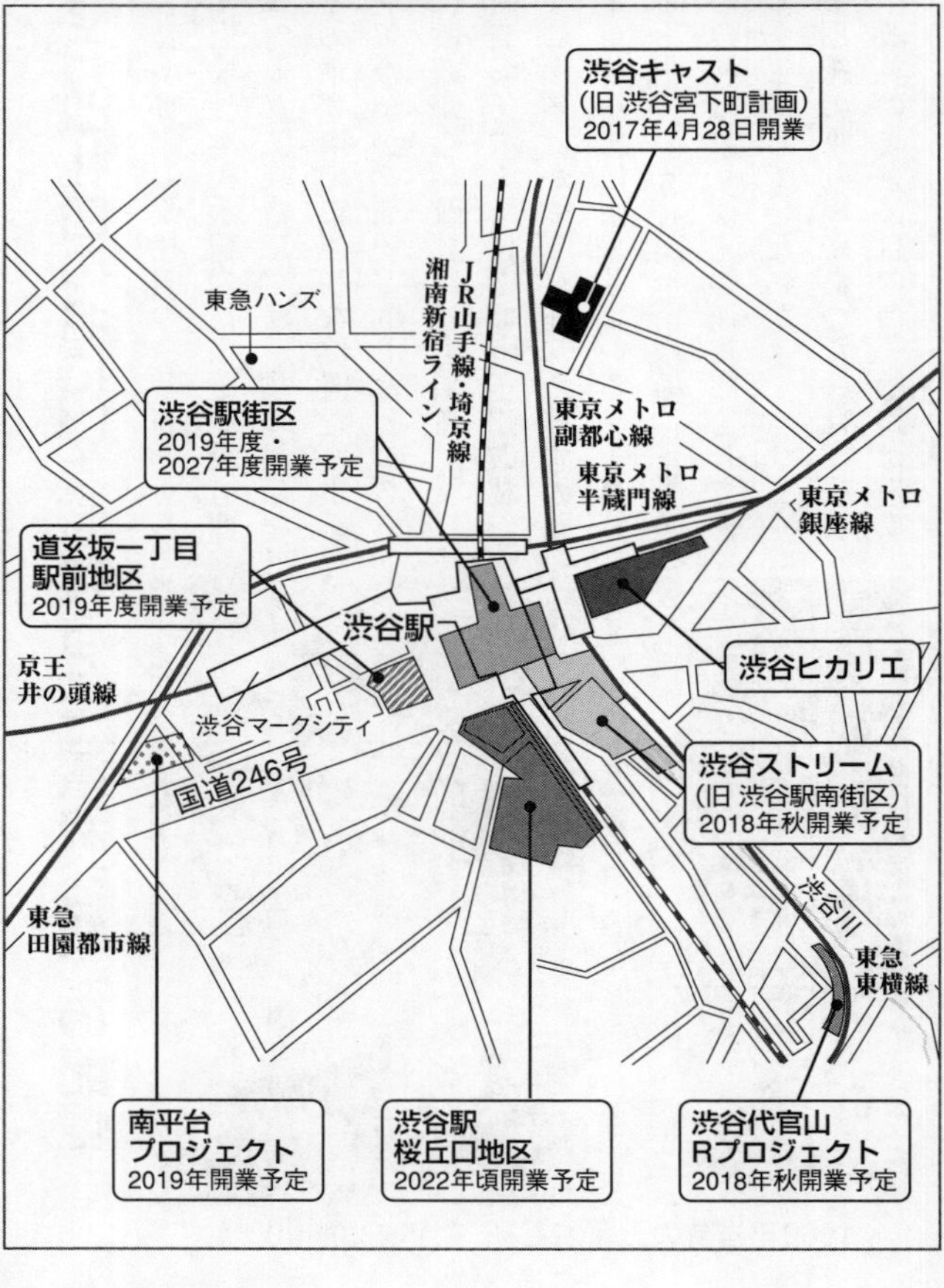
渋谷キャスト
(旧 渋谷宮下町計画)
2017年4月28日開業
東急ハンズ
JR山手線・埼京線
湘南新宿ライン
渋谷駅街区
2019年度・
2027年度開業予定
東京メトロ
副都心線
東京メトロ
半蔵門線
東京メトロ
銀座線
道玄坂一丁目
駅前地区
2019年度開業予定
渋谷駅
渋谷ヒカリエ
京王
井の頭線
渋谷マークシティ
国道246号
渋谷ストリーム
(旧 渋谷駅南街区)
2018年秋開業予定
渋谷川
東急
田園都市線
東急
東横線
南平台
プロジェクト
2019年開業予定
渋谷駅
桜丘口地区
2022年頃開業予定
渋谷代官山
Rプロジェクト
2018年秋開業予定

JR改札口の名にいまも残る「玉電渋谷駅」の記憶

ＪＲ渋谷駅の改札口のひとつである「玉川改札」。山手線の新宿・池袋方面行きホームに直結し、京王井の頭線などとの乗り換えに便利な位置だ。山手線全駅のなかで唯一、ホームとのあいだに段差がない改札口でもある。

終日多くの人でにぎわう玉川改札だが、この名はかつて存在した東急の路面電車玉川線に由来している。１９６９年（昭和44）５月の玉川線廃止まで、この改札は乗り換えの連絡口としての役割を果たしていたのだ。

玉川線の乗り場があったのは、ＪＲ玉川改札のまさに目の前。線路は道玄《どうげん》

1969年当時の玉電渋谷駅（写真：c6210／PIXTA）

坂《ざか》から京王井の頭線と地下鉄銀座線の留置線のあいだを通って東急百貨店東横店西館の2階に乗り入れており、山手線から段差なしで乗り換えることができた。路面電車だが改札口を設けており、きっぷの自動券売機導入は国鉄よりも先だったという。ホームはコの字形となった2面2線のスタイルで、片方が降車用、もう片方は乗車用と分けられていた。

現在、玉川改札から井の頭線改札へと通じる「渋谷マークシティ」の連絡通路には、岡本太郎《おかもとたろう》氏の巨大な壁画『明日の神話』が展示されている。いまでは信じられないが、この付近がかつては屋外で、ここに玉川線の線路とホームがあったわけだ。

池上線五反田駅のホームがやたら高い場所にある理由

池上線の五反田《ごたんだ》駅は、ちょっと不思議な構造の駅だ。JR山手線の高架ホームをまたぐようにホームがあり、その高さは直結している駅ビル「レミィ五反田」のなんと4階。山手線からの乗り換えは、いまでこそエスカレーターやエレベーターが設置されているものの、エスカレーターがやっと設置されたのは2011年（平成23）。それまでは長い階段のみだったため、上りはひと苦労だった。

これは池上線の悲運の歴史が関係している。この高いホームから先へ、路線延伸《えんしん》

をめざしつつもかなわなかった〝夢の跡〟なのだ。

現在は東急の一路線である池上線の前身は「池上電気鉄道」という鉄道会社。池上本門寺《ほんもんじ》への参拝客輸送を目的として1917年（大正6）に設立され、最初の区間である蒲田《かまた》―池上間が1922年（大正11）10月に開業した。

当初は目黒《めぐろ》から池上を経《へ》て大森《おおもり》を結ぶ路線を建設する予定だったが、大森付近の用地買収に手間取ったため、「延長線」として路線免許を取得したこちらの区間を先に開業させたのだ。

翌1923年（大正12）5月には、雪ヶ谷《ゆきがや》（現：雪が谷大塚《おおつか》）まで延伸を果たし、さらに目黒に向けて建設を進め

JR山手線ホームから、地上4階にある池上線ホームを見る

るはずだったが、ここに強力なライバルが登場した。現在の東急の前身である、五島慶太率いる目黒蒲田電鉄だ。

同社は同年3月に目黒―丸子（現：沼部）間を開業させたのを皮切りに着々と建設を進め、11月には蒲田までの全線が開通。池上電鉄はルートが完全に並行するかたちとなってしまった。

そこで池上電鉄は、目黒ではなく五反田をめざすこととし、1927年（昭和2）10月に現在の大崎広小路《おおさきひろこうじ》駅まで開業。さらに、低迷していた経営の起死回生を図るべく、白金《しろかね》、品川方面への延伸をめざして翌1928年（昭和3）6月に現在の五反田駅へと乗り入れを果たした。当時の東京市が発行した『東京市郊外に於《お》ける交通機関の発達と人口の増加』という冊子によると、白金―品川間では京浜電鉄（現：京浜急行電鉄）が計画していた路線と共用する予定だったという。

だが、当時は昭和金融恐慌の真ったただなか。さらに、京浜電鉄は三田《みた》―五反田―馬込《まごめ》間の路線免許を取得した東京地下鉄道（現在の東京メトロの前身）との乗り入れをめざすこととなり、池上電鉄の計画は頓挫《とんざ》してしまった。

まさに八方《はっぽう》ふさがりとなった池上電鉄に手を伸ばしたのは、ライバルの目蒲《めかま》電鉄だった。1934年（昭和9）10月、池上電鉄は目蒲電鉄に吸収合併される。

当初、合併の話は仮契約まで進んだところでいったん流れてしまったが、目蒲電鉄の総帥《そうすい》である五島慶太は、池上の大株主から「全部で十二万株のうち八万五千株を一夜にして買ってしまい」買収に成功。「万事《ばんじ》うまくいった次第である」と自伝『七十年の人生』に記している。

時代の流れや電鉄各社の思惑《おもわく》に翻弄《ほんろう》された悲運の池上電鉄。その象徴が五反田駅の高いホームだと思えば、長いエスカレーターや階段の昇り降りにもちょっと感慨《かんがい》がわく……かもしれない。

近くに大学がないのに「学芸大学」駅と「都立大学」駅があるのは？

創業期から学校の誘致に力を入れてきた東急。沿線には日吉《ひよし》駅近くに広大なキャンパスが広がる慶應義塾大学（日吉キャンパス）や、大岡山《おおおかやま》駅が最寄《もよ》りの東京工業大学（大岡山キャンパス）など数多くの学校が存在する。

だが、学校名が駅名になっているのは東横線の学芸大学駅と都立大学駅、田園都市線の駒沢大学駅の3駅のみ。前2駅はどちらも名前の元になった大学が移転し、駅周辺には存在していない。さらに、都立大学駅の名前の元となった東京都立大学は、2005年（平成17）に都の設置するほかの大学・短大と統合して「首都大学

東京」となったため、「都立大学」はいまや駅名にしか存在しないのだ。

両駅はともに1927年（昭和2）8月28日に開業し、現在の駅名となったのは1952年（昭和27）7月1日のことだ。

学芸大学駅は当初、付近の地名をとった「碑文谷《ひもんや》」という駅名だったが、青山師範学校（のちの東京学芸大学）の移転に合わせて1936年（昭和11）に「青山師範」に駅名を変更。さらに学校名の変更に合わせて戦時中に「第一師範」となり、戦後に現駅名へと落ち着いた。

だが、肝心《かんじん》の東京学芸大学は1964年（昭和39）に小金井《こがねい》市へと移転。附属高校は現在も近くにあるものの、大学の最寄り駅だった期間はわずか12年ほどだった。すでに半世紀以上「主のない」状態で大学名を名乗り続けているわけだ。

いっぽうの都立大学駅は「柿《かき》ノ木坂《きざか》」駅として開業。1931年（昭和6）に、府立高等学校（のちの東京都立大学）の移転に合わせて「府立高等前（翌年に「府立高等」）」に改称し、1943年（昭和18）の東京都制施行のさいには「都立高等」へ、さらに戦後の学制改革を経て「都立大学」駅となった。こちらは学芸大学駅とくらべれば長期間、大学の最寄り駅として機能していたものの、1991年（平成3）に東京都立大学は八王子市南大沢に移転してしまった。こうして、大学名を名乗って

いるものの、じっさいには大学が近くにない駅が連続することになったのだ。

すでに移転してしまった大学名をずっと駅名にしているのも……と、改称が検討されたこともあった。1999年（平成11）には、東急電鉄が地元住民らを対象に名称変更の是非《ぜひ》を問うアンケートを実施。3分の2以上の賛成があれば変更する方針だったが、当時の新聞報道によると、その結果は学芸大学駅が賛成594人・反対934人、都立大学駅が賛成630人・反対436人（朝日新聞1999年7月2日付）で、どちらも3分の2には達しなかった。

翌2000年（平成12）には、かつて遊園地の最寄り駅だったことから駅名に「園」が残っていた二子玉川園と多摩川園の両駅が、現在の「二子玉川」「多摩川」に改称されているが、もし賛成意見が多ければ、学芸大学・都立大学の両駅も同じタイミングで改称されていたかもしれない。

いずれにせよ、両駅名はもはや固有名詞として定着。当の東急電鉄も、2012年（平成24）には学芸大学駅の高架下に「学大」の名を付けた商業施設「GAKUDAI KOUKASHITA」をオープンしている。「学大」「都立」の駅名は今後も地名のように受け継がれていきそうだ。ただし、東京学芸大学の受験生は試験のさい、くれぐれもこの駅で降りないように……。

8

乗客の多様なニーズに応える!

サービスの謎学

たとえば…
「東急線アプリ」には、どんな
便利機能が搭載されている?

田園都市線の混雑を緩和する、次なる「秘策」とは？

ラッシュ時の混雑が深刻な田園都市線。もっとも混み合う区間である池尻大橋《いけじりおおはし》―渋谷間のピーク時の混雑率は184パーセント（2015年度、国土交通省データより）にも達し、首都圏でも有数の混雑路線だ。

東急電鉄も列車の増発やオフピーク通勤の促進《そくしん》など各種の対策を講じてきたが、2016年（平成28）夏からはちょっとユニークな試みも始まった。電車の定期券でバスにも乗れるという「田園都市線『バスも！キャンペーン』」だ。

これは、田園都市線の池尻大橋―渋谷間を含む通勤・通学定期券の利用者を対象に、平日の朝7時から9時半までのあいだ、三軒茶屋《さんげんぢゃや》―池尻大橋―渋谷間の東急バスを「追加料金なし」で利用できるようにするというサービスだ。

三軒茶屋―渋谷間は、地下を田園都市線、地上を国道246号が通り、各方面から渋谷へ向かう東急バスの各系統が集まる区間。バスレーンも整備されており、朝方は2～3分に1本の割合でバスがやってくる。

渋谷駅からやや離れた国道246号沿いやその周辺にはオフィスビルが多く、東急電鉄の本社もこの付近にある。池尻大橋駅と渋谷駅のちょうど中間に位置する旧

山手《やまて》通り付近にもオフィスが増えており、この周辺へ通勤する人にとっては、渋谷駅から坂を上るより、三軒茶屋駅や池尻大橋駅で降りてバスに乗り換えたほうが便利というケースも多い。こういったユーザーに対してバスも便利ですよ……とPRして乗り換えを促進し、列車の混雑を多少でも解消しようという狙いだ。

キャンペーンは2016年7月に1か月の期間限定でスタート。このときは時間帯が7時から9時までで、バスに乗車するさいはバス停にいる係員に定期券を提示し、そのつどチケットを受け取るという形式だった。好評を受け、同年11月には時間帯を9時半までに延長したうえで、「第2弾」として復活。翌年4月からはバスの乗車方法を改め、渋谷駅・三軒茶屋駅の定期券売り場であらかじめ21枚つづりのチケットを受け取り、そのチケットを使用するかたちで継続している。

地方都市の鉄道会社では例があったものの、首都圏の大手私鉄では意外に存在しなかった鉄道とバスの乗り継ぎサービス。新たな通勤・通学の手段として定着するか、今後の動向が注目される。

「東急線アプリ」には、どんな便利機能がある？

いまやすっかり当たり前となったスマートフォン。乗り換え検索や遅延《ちえん》情報な

ど、鉄道の利用にも欠かせない存在となっているが、東急もアプリをリリースしている。車内の広告などでおなじみの「東急線アプリ」だ。

登場したのは、東横線と副都心《ふくとしん》線の直通運転が始まった直後の2013年（平成25）3月。当初は運行情報と遅延証明書の発行が主体のシンプルな内容だったが、2015年（平成27）10月に大幅リニューアル。東急全線の列車の走行位置がわかる機能を搭載したほか、トラブルによる不通や大幅な遅延が発生したさい、他社線を含む迂回《うかい》ルートを検索できる機能を、鉄道会社のアプリとしては初めて導入した。

その後も機能のバージョンアップは続き、翌2016年（平成28）にはJR東日本アプリ、東京メトロアプリとの連携もスタート。相互《そうご》乗り入れを行なっている路線の列車走行位置情報などを簡単に確認できるようになった。

鉄道会社のアプリとして基本的な機能を網羅している「東急線アプリ」だが、ユニークな機能が「駅間time」。これは、出発駅と到着駅を指定すると、すでに到着した直近《ちょっきん》の列車がじっさいにかかった所要時間を知ることができる機能だ。大幅な遅れが発生している場合などは目的地までの所要時間が読めないが、直近の実績を知ることによって目安にしてもらおうというわけだ。

どうしても避けられないことが多い列車の遅延。東急はホームドアの設置など遅

延につながるトラブルへの対策とともに、この「駅間time」や駅の混雑具合が画像でわかる「駅視-vision」（次項参照）など、情報提供を充実させることで利用者の混乱を極力防ごうとする姿勢が見られる。

とはいえ、とくにラッシュ時に「列車走行位置」を見ると、遅延が発生していることが多いのも事実。遅延そのものの改善もさらに期待したいところだ。

駅の混雑度を画像で配信！「駅視-vision」がスゴい！

いまや日常生活には欠かせなくなったインターネットやスマートフォン。鉄道を利用するさいも、乗り換え案内はもちろんのこと、列車の遅延や運転見合わせの情報が即座に確認できるようになるなど、大きなメリットをもたらしている。

それをさらに一歩進め、東急では駅の混雑具合をリアルタイムで確認できるサービスを導入した。スマホ向けの「東急線アプリ」などで見られる「駅視-vision（エキシビジョン）」だ。

これは、駅構内に設置したカメラでとらえた利用者の動きを、日立製作所が開発したデータ加工技術によって人物の特定ができないアイコンに置き換え、画像として配信するシステム。

混雑していれば人のかたちをしたアイコンがたくさん並ぶことになり、視覚的に混み具合を把握《はあく》することができる。運転見合わせや大幅な遅延、あるいはイベントなどのさいは駅に長蛇《ちょうだ》の列ができることがあるが、駅の混雑状況を事前に知ってもらうことで乗車時間をずらしたり、迂回《うかい》ルートに切り替えたりする判断に役立ててもらおう……という狙いだ。

２０１６年（平成28）３月から田園都市線の溝《みぞ》の口《くち》駅など６駅で実証試験を行ない、10月から60駅で本格的なサービスを開始。２０１８年（平成30）初頭にはこどもの国線、世田谷線を除く全85駅に導入される予定だ。

東京都が提唱する「時差Biz」など、最近は混雑する時間帯を避けての通勤に注目が集まっている。「駅視-vision」を眺《なが》めていれば、最寄り駅の空《す》いている時間帯が簡単にわかりそうだ。

独自のポイントシステムも！ ICカードの先駆者「せたまる」

いまではすっかり当たり前となった、ＰＡＳＭＯやＳｕｉｃａなどのICカード乗車券。ＪＲ東日本のＳｕｉｃａは２００１年（平成13）11月、首都圏の私鉄・バス各社中心のＰＡＳＭＯは２００７年（平成19）３月にサービスが開始され、現在

では電子マネー機能も含めて幅広く利用されている。

ＰＡＳＭＯのスタートが２００７年ということは、東急線でＩＣカード乗車券の利用が可能になったのもこのとき……と思ってしまうが、じつはそうではない。関東のほかの私鉄各社にさきがけ、東急は２００２年（平成14）から独自のＩＣカード乗車券を導入していた。世田谷線専用の「せたまる」だ。

せたまるは、定期券と回数券の２種類を発行。システムはＳｕｉｃａなどと同じくソニーが開発した「ＦｅｌｉＣａ」を採用し、独自のポイントサービスも存在した。

カードはオレンジ色を基調に、世田谷線沿線の風景をシルエットで描《えが》いたデザイン。ネーミングは世田谷線の「せた」に、利用者に便利なカードとして「マルをもらえるように」との意味合いを込めて命名され、イメージキャラクターとして忍者の「せたまるくん」もつくられた。

私鉄のＩＣカードとしてはいち早く登場し、地域通貨とのポイント交換も行なわれるなど世田谷線利用者には便利な「せたまる」だったが、ＰＡＳＭＯのサービスが始まると、ほかの路線でも共通利用できるＰＡＳＭＯの普及が加速。２０１２年（平成24）９月末をもってサービスを終了した。最後の一時期は、世田谷線３００系

電車のオレンジ色の編成（３０９）に「ありがとう　せたまる」のステッカーが貼られ、「せたまるくん」が沿線住民に別れを告げた。

２０１７年（平成29）３月末でカードの払い戻しも終了し、いまや完全に過去のものとなってしまった「せたまる」だが、ＰＡＳＭＯより５年も早く登場し、沿線利用者に愛されたその存在は、もっと称《たた》えられてもよいだろう。

東急電鉄のキャラクター「のるるん」のプロフィールは？

駅や車内に掲出《けいしゅつ》された東急の告知やＰＲポスターなど、さまざまなところで目にする東急線のキャラクターが「のるるん」だ。頭にパンタグラフを載《の》せた、ちょっととぼけた雰囲気の愛らしい表情が人気を集め、いまでは東急電鉄のマスコットとしてすっかり定着している。

のるるんが登場したのは２０１２年（平成24）８月。翌年に控えた東横線と東京メトロ副都心《ふくとしん》線との相互《そうご》直通運転の認知度アップなどが目的で、デザインは東急の主力車両である５０００系がモチーフ。手がけたのはアートディレクターの池澤《いけざわ》樹《たつき》氏だ。公式プロフィールでは、出身地は神奈川県横浜市、生年月日は５０００系が登場した２００２年（平成14）５月となっている。

名前は一般から募集され、6206件の応募から5人の提案があった「のるるん」に決定。「『乗る』や『るんるん』を連想させ、電車に乗ることの楽しさを表現しており、幅広い年代のお客さまにとって呼びやすく、親しんでいただきやすいこと」などが決め手となった。

のるるんは東急線のさまざまなところで「活躍」中だ。渋谷ヒカリエの地下3階にはデジタルサイネージによる「のるるん時計」があり、かわいらしい動きを披露。意外なところでは、自動改札機に設置された残額などを表示するディスプレイや、軌道・電化施設などの検査を行なう「総合検測車《けんそくしゃ》」TOQi（トークアイ）の側面

渋谷ヒカリエに設置された「のるるん時計」

にも登場している。

グッズも各種が発売されており、東急の売店である「toks」や駅ナカコンビニ「LOWSON+toks」、電車とバスの博物館のミュージアムショップなどで手に入る。

戦前にも行なわれていた東急の電力供給事業

2016年（平成28）4月の電力小売自由化以来、東急線の駅や車内でよく見かけるのが「東急でんき」のポスター。東急電鉄の完全子会社「東急パワーサプライ」が、東急沿線を中心に、関東1都6県と山梨県・静岡県（一部）で展開している電力供給サービスの名前だ。東急線のPASMO定期券を持っているとポイントが倍になるなど、東急グループの各種サービスと組み合わせるとお得になる点を売りに、加入者数を伸ばし続けている。

これまでは電力といえば東京電力など、地域によって分かれた独占的な事業者が供給するのが当たり前だっただけに、電鉄会社が手がける電力小売事業というと「新しいビジネス」というイメージを受ける。だがじつは、東急グループは戦前にも電力供給事業を行なっていたのだ。

東急のルーツは、田園調布などの住宅開発のために1918年（大正7）に設立

された「田園都市会社」にさかのぼる。同社は土地の分譲《ぶんじょう》に始まり、その地域の足となる鉄道の運営を担《にな》う会社として、1922年（大正11）に目黒蒲田電鉄（目蒲《めかま》電鉄）を設立するが、同時期に住宅地への電力供給も開始した。

電力そのものは、発電所を持つほかの電力会社から送電を受け、洗足《せんぞく》地区や多摩川台（現：田園調布）地区へ供給。1928年（昭和3）に田園都市会社が目蒲電鉄に合併されてからは、同電鉄の「電灯部門」として電力供給事業を展開した。

いっぽう、のちに目蒲電鉄系の東京横浜電鉄（東横電鉄）に買収されることになる玉川電気鉄道も開業の翌年、1908年（明治41）から電力事業を営《いとな》んでいた。同社は当初、大橋《おおはし》車庫（146ページ参照）に火力発電所を保有していたが、その後は他社から購入した電力の供給に切り替え、やがて鉄道事業をしのぐまでに成長する。

玉川電鉄は1938年（昭和13）、東横電鉄に合併され、さらにその翌年には東横電鉄と目蒲電鉄が合併。新体制となった東横電鉄の配電事業はさらに成長し、1941年（昭和16）度には53万灯を超える電力供給を行なっていたという。関東地方の一大配電事業者だったのだ。

だが、社会が戦時体制に突き進むなか、電力の配電事業も国の統制下に置かれることに。大きく広がった配電事業だったが、東横電鉄も1942年（昭和17）4月、

新たに設立された「関東配電」に事業を譲渡《じょうと》。戦前に大きく花開いた「東急でんき」のご先祖様はここに消えた。

電車を走らせるために電気が必要な電鉄会社と電力事業の関わりは深く、戦前は鉄道会社が電力事業を手がける例は少なくなかった。そんな歴史を考えると、今回の電力小売自由化でふたたび鉄道会社が電力ビジネスに進出しているのは、ちょっと興味深いところだ。

車内の「完全冷房化」は意外にも遅かった！

「アラフォー」世代以上の人なら、かつては夏になると新聞などで「電車の冷房化率」がニュースになっていたのを覚えている人もいるだろう。いまでは当たり前となった通勤電車の冷房が普及し始めたのは昭和40年代なかば以降だ。

先陣を切ったのは京王帝都電鉄（現：京王電鉄）で、1968年（昭和43）5月に冷房車を導入。これ以後、各鉄道会社での導入例が増えていった。

東急で最初の冷房車は京王に遅れること3年、1971年（昭和46）の夏に初登場。当時増備されていた最新型の8000系に冷房が搭載されたが、じつはそれより少し前から「冷房準備車」が導入されていた。将来を見越《みこ》して冷房を搭載するた

めのスペースなどを確保した車両だが、問題だったのはその外観だ。

じっさいには冷房を積んでいないにもかかわらず、屋根上に冷房装置の「カバーだけ」を搭載していたのだ。箱形のカバーを積んだ車両は一見《いっけん》すると冷房車に見えるため、期待して乗ってみたら裏切られた……という沿線利用者からは「ニセクーラー車」や「空（くう）ラー車」などと呼ばれる始末だった。

その後に導入される車両は冷房車が当たり前となったが、東急の全車両が冷房車になるには意外に時間がかかった。全車が冷房車に統一されたのは2001年（平成13）のこと。一般家庭にすっかりエアコンが普及してからのことで、関東の大手私鉄ではもっとも遅かった。

最後まで冷房なしの車両が残っていたのは世田谷線。1999年（平成11）に現在の300系電車が導入されるまでは冷房車が1両もなく、都内でも珍しい「冷房車ゼロ」の路線となっていた。

世田谷線に乗っているのは「車掌さん」じゃないって?!

駅のホームへはスロープを完備しており、お年寄りやベビーカー利用者などでも利用しやすい世田谷線。その安心感や親切さをさらに高めているのが、後部の運転

台に乗務している女性車内アテンダントの存在だ。放送や乗客への案内など、その仕事はさまざまだ。

アテンダントの乗務が始まったのは2004年（平成16）4月16日。それまでも男性の案内係が乗務していたが、さらにきめ細かな接客や案内を行なうことを目的として導入された。一見すると「女性車掌」にも見えるが、世田谷線のアテンダントはあくまで「案内係」で車掌の資格は持っておらず、電車の運転に関連する業務は行なわない。たとえば、ドアの開け閉めはアテンダントではなく運転士が行なっている。アテンダントが乗務しているのは日中の時間帯で、早朝・夜間は東急グループの警備会社の男性ガードマンが乗務している。

人に優しい世田谷線のイメージアップに一役買っているアテンダントだが、じっさいに同線のバリアフリーに対する取り組みはなかなかのもの。スロープなどのハード面に限らず、同線は運転士・アテンダントの全員が介助《かいじょ》技術ともてなしの心を認定する「サービス介助士」の資格を取得しており、お年寄りや障害を持つ乗客へのサポートなどを行なっている。

※本書の情報は2017年7月現在のものです

◉左記の文献等を参考にさせていただきました——

「東京急行電鉄50年史」東京急行電鉄社史編纂事務局編／「東京横浜電鉄沿革史」「新玉川線建設史」東京急行電鉄編／「多摩田園都市：開発35年の記録」東京急行電鉄株式会社田園都市事業部編（以上、東京急行電鉄）／「東急車輛30年のあゆみ」東急車輛製造編（東急車輛製造）／「七十年の人生」五島慶太（要書房）／「青淵回顧録」渋沢栄一（青淵回顧録刊行会）／「東横百貨店」（百貨店日日新聞社）／「東京市郊外に於ける交通機関の発達と人口の増加」東京市編（東京市）／「東急沿線の不思議と謎」浜田弘明監修（実業之日本社）／「東急電鉄２００のなぞ」ぴあＭＯＯＫ（ぴあ）／「東急今昔物語」宮田道一（戎光祥出版）／「世田谷のちんちん電車　玉電今昔」林順信編著（大正出版）／「東急電鉄まるごと探見——歴史・路線・運転・ステンレスカー」宮田道一、広岡友紀／「東急の駅　今昔・昭和の面影　80余年に存在した１２０駅を徹底紹介」宮田道一（以上、ＪＴＢパブリッシング）／「東急碑文谷工場ものがたり」関田克孝、宮田道一／「ありし日の玉電」宮田道一、関田克孝（以上、ネコ・パブリッシング）／「東京地名考」朝日新聞社社会部編（朝日新聞社）／「ＳＨＩＢＵＹＡ　２０２Ｘ　知られざる渋谷の過去・未来」ケンプラッツ編（日経ＢＰ社）／「全国未成線ガイド」草町義和監修（宝島社）／「世田谷区議会史　資料編」（東京都世田谷区議会）／「土地の神話」猪瀬直樹（小学館）／「東京地下鉄道史　乾」東京地下鉄道編（東京地下鉄道）／「地下鉄誕生　早川徳次と五島慶太の攻防」中村建治（交通新聞社）／「東海道新幹線の車窓は、こんなに面白い！」栗原景（東洋経済新報社）／「電気車の科学」各号／「鉄道ピクトリアル」各号（以上、電気車研究会）／「交通技術」各号（交通協力会）／「トンネルと地下」各号（土木工学社）／「ＪＲＥＡ」各号（日本鉄道技術協会）／「鉄道車両と技術」各号（レールアンドテック出版）／「道路：road engineering & management review」各号（日本道路協会）／「鉄道ジャーナル」各号／「ＡＥＲＡ」各号／朝日新聞／読売新聞／毎日新聞／日本経済新聞／東急電鉄／伊豆急行／東急バス／レスポンス／乗りものニュース／東洋経済オンラインほか